作风建设

50 例

本书编写组

人民出版社

前　言

"党的作风关系党的形象，关系人心向背，关系党的生死存亡。"[①] 党的作风，犹如一面镜子，映照着党群干群关系的亲疏。

新民主主义革命时期，中国共产党纪律严明、作风优良，"用延安作风打败西安作风"。最经典的例子发生在 1940 年，党的主要领导人毛泽东在延安宴请华侨领袖陈嘉庚。那时桌上唯一的荤菜，是一坛炖鸡。毛泽东略带歉意地说："我的薪水，买不起什么肉。"原来，得知毛泽东要招待远道而来的贵客，邻居大娘特意把自己家养的母鸡杀了，炖了一锅鸡肉送过来。对此陈嘉庚十分感慨，后来曾说："得天下者，共产党也！"解放战争时期，中国共产党的部队攻入上海后，在大街上席地而卧的解放军战士，让很多上海市民看到了希望和未来。1949 年初，毛泽东告诫全党"务必使同志们继续地保持谦虚、谨慎、不骄、不躁的作风，务必使同志们继续地保持艰苦奋斗的作风"。作风好则战斗力强。中国共产党成功夺取全国政权的原因很多，有好作风是其中重要方面。

中华人民共和国成立后，中国共产党作为执政党依然强调作风建设。从果断处理贪污腐化的刘青山、张子善，到开展"三反"运动强力解决干部作风问题；从提出"谦虚使人进步、骄傲使人落后"

---

① 《习近平关于加强党的作风建设论述摘编》，中央文献出版社 2025 年版，第 3 页。

到老一辈革命家带头加强家风建设；等等，都是重视作风建设的鲜明体现。改革开放以后，中国共产党意识到实行改革开放、发展市场经济等新政策，对各级领导干部是一种新考验，"不过一两年时间，就有相当多的干部被腐蚀了"。有的领导提出，党风问题关系党的生死存亡；有的领导甚至还提出，这个党该抓了，不抓不行了，必须聚精会神抓党建。因此，中国共产党在 20 世纪 80 年代提出加强党风廉政建设，90 年代强调讲学习、讲政治、讲正气，进入新世纪不仅提出"八个坚持、八个反对"①，还接续开展保持共产党员先进性教育活动、深入学习实践科学发展观活动。这些活动的一个共同目的是为了党的肌体更加健康、正气更加充盈。

党的十八大以来，以习近平同志为核心的党中央，以制定实施中央八项规定为切入口，进一步加强了党的作风建设。党中央紧紧抓住保持党同人民群众的血肉联系这一作风建设的核心问题，坚持从领导干部抓起，持续落实中央八项规定精神，开展党的群众路线教育实践活动、"三严三实"专题教育、"两学一做"学习教育、"不忘初心、牢记使命"主题教育、党史学习教育、学习贯彻习近平新时代中国特色社会主义思想主题教育、党纪学习教育等，继承和发扬了党的优良传统和作风，党的作风建设取得显著成效。正如党的二十大报告所总结的："我们持之以恒正风肃纪，以钉钉子精神纠治'四风'，反对特权思想和特权现象，坚决整治群众身边的不正之风

---

① 2001 年 9 月，党的十五届六中全会审议通过的《中共中央关于加强和改进党的作风建设的决定》提出："坚持解放思想、实事求是，反对因循守旧、不思进取"；"坚持理论联系实际，反对照抄照搬、本本主义"；"坚持密切联系群众，反对形式主义、官僚主义"；"坚持民主集中制原则，反对独断专行、软弱涣散"；"坚持党的纪律，反对自由主义"；"坚持清正廉洁，反对以权谋私"；"坚持艰苦奋斗，反对享乐主义"；"坚持任人唯贤，反对用人上的不正之风"。这被称为"八个坚持、八个反对"。

和腐败问题，刹住了一些长期没有刹住的歪风，纠治了一些多年未除的顽瘴痼疾。"习近平总书记在党的二十大报告中总结过去、展望未来，明确提出"三个务必"，即"全党同志务必不忘初心、牢记使命，务必谦虚谨慎、艰苦奋斗，务必敢于斗争、善于斗争"。这是党洞悉历史规律、立足时代方位、把握时代大势作出的重大论断，对于新征程上全党统一思想、统一意志、统一行动，永葆"赶考"的清醒和坚定，不断开创党和国家事业新局面具有重大现实意义和深远历史意义。党的二十大后召开的第一次中央政治局会议，表示要继续贯彻落实中央八项规定精神，表明了党中央矢志不渝抓好党的作风建设的坚强决心和鲜明态度。

在党的作风建设百余年历史上，涌现出一大批作风优良的群体或个人。本书聚焦老一辈革命家和干部、工人、农民、军人、知识分子、青年等群体，把他们在作风建设方面的闪光点充分呈现给大家，以正能量感动人鼓舞人激励人。同时，也介绍了几个反面典型，让读者意识到搞好作风建设不是一朝一夕的事、不是一蹴而就的事。

作风建设永远在路上。中国共产党之所以保持常青，和她高度重视党风建设、用心用情用力抓党风建设密切相关。反观世界上一些国家的老牌政党失去执政地位，很大程度上和其党风出了问题有关系。全面推进强国建设、民族复兴伟业，我们必然会遇到沟沟坎坎，甚至惊涛骇浪。因此，要继续加强作风建设，使党更加团结、更加坚强有力，从而带领亿万华夏儿女努力实现中华民族伟大复兴。

目　录

1.爱书如命的伟人

毛泽东一生与书为伴，从书斋到战场，从井冈山到中南海，书籍始终是他最亲密的伙伴。他常说，"饭可以一日不吃，觉可以一日不睡，书不可以一日不读"，这份对知识的执着，堪称数代人的精神标杆。

毛泽东的读书故事数不胜数。16岁那年，表哥借给他一套《新民丛报》合订本，他如获至宝，读了一遍又一遍，还在书页上写下批注，甚至能背诵其中段落。有次先生抽查《论语》，他倒背如流，可转头就掏出《新民丛报》里的康梁文章，跟先生辩论救国之道，先生气得直摇头。这种"牛闯进菜园"的求知欲，贯穿了毛泽东的一生。

进入湖南第一师范学校后，毛泽东更是把图书馆当成了第二个"家"。每天清晨，他带着午饭和水壶，在图书馆一泡就是一整天，借的书堆得像座小山。有同学打趣："毛润之，你是书呆子投胎吧？"他眼睛一瞪："书是精神食粮，比窝窝头顶饿！"同学周世钊曾回忆："他吃饭时都抱着书，筷子当成了书签。"

有次图书馆管理员清点书籍，发现《伦理学原理》的书页上密密麻麻全是批注。毛泽东却乐呵呵地说："这书太有嚼劲了，得反复啃才行！"这股子"牛劲"，让他在24岁就写下振聋发聩的《体育之研究》，提出"野蛮其体魄，文明其精神"的箴言。

在战火纷飞的革命年代，毛泽东的读书热情亦未熄灭。井冈山时期，他把战士们缴获的《孙子兵法》当宝贝；长征路上，还抱着《资治通鉴》；延安窑洞里，煤油灯下总能看见他读书的身影。转战陕北时，他带着《辞海》《史记》行军。有次敌军飞机轰炸，警卫员大喊"快卧倒"，他却说："书比命金贵，先护住它们！"美国记者斯诺采访他时，惊讶地发现这位统帅的行囊里，永远装着书和地图。斯诺感慨："他打仗是军事家，读书是思想家，真是个矛盾的统一体。"

1938 年，毛泽东在延安号召"每个干部都要有'一箱子书'"，自己率先示范。他的藏书从延安的土窑洞，一路"迁徙"到西柏坡、香山，最后"落户"中南海。

毛泽东的藏书到底有多少？中南海菊香书屋的统计是：1 万多种类，近 10 万册！从马恩列斯全集、鲁迅全集，到《永乐大典》《四库全书》；从世界名著译丛，到《辞海》《辞源》和中国地图、世界地图；从社会科学到自然科学。古今中外，哲学、经济学、军事学、文学、地理学等，门类齐全，无所不有。他卧室的枕头边、办公桌上、游泳池休息室里，到处都堆满了书。有次工作人员清点，光是床铺上书就占了大半，他自己调侃："这哪是床，分明是流动的图书馆！"

社会主义建设初期，因为工作需要，毛泽东组织了学习小组。1959 年 12 月 10 日至 1960 年 2 月 9 日，他多次组织胡绳、邓力群、田家英等人，在杭州、上海、广州研读《政治经济学教科书》（第三版）。毛泽东规定：学习小组成员每天下午一起读书，由胡绳和田家英轮流诵念，边读边议，邓力群负责记录。除元旦放假一天、星期日偶尔休息外，连1959 年 12 月 26 日他 66 岁生日那天也没中断读书活动。邓力群曾回忆："毛泽东读书很认真，一边听朗读，一边看书本，还不时在一些提法下面画横道，或者在旁边画竖道，打记号。当时我坐在毛主席身旁，也跟着他在我读的那本书上照样画。从头到尾，都这样画。有的段落，毛主席画了以后接着就发表议论，有的长，有的短。我把毛主席的这些议论记录在自己的笔记本上。有的段落，毛主席没有发表议论，只是说了'对'、'好'、'正确'、'赞成'、'同意'，或者'不对'、'不正确'、'不赞成'、'不同意'，或者一两句话，这类肯定或者否定的评语，我就记在自己读的教科书上。有的段落画了以后，毛主席既没有发表议论也没有说对与不对。"邓力群的这段回忆，生动再现了当年毛泽东与他们一起学习新本领、探索经济建设规律的读书侧影。①

毛泽东不仅是读书人，更是"用书高手"。一生的读书生涯，形成了毛泽东独特的"吃书"哲学。毛泽东读书，可不光是看热闹，他常把书中的智慧融入革命实践。比如，读《资治通鉴》时，他总结出"人心向背定兴亡"的规律，指导土地改革；读《孙子兵法》，则提炼出"敌进我退"的游击战术。

他还发明了"四多"法：多读、多写、多想、多问。读《资治通鉴》时，他画了170多条红蓝铅笔线，写下1万多字的批注；读《共产党宣言》，更是反复读了100多遍。他把中国历史和世界局势结合起来读，创造了"古今中外法"。比如，读《战争论》，他非要拉上军事将领们边吃羊肉泡馍边讨论；读《红楼梦》，硬是从"宝黛爱情"里看出阶级斗争。周恩来笑称："主席读的书，都让他给'吃'活了！"

毛泽东最后一天读书，时间是1976年9月8日。医护人员发现，他虽无法说话，却仍用颤抖的手指指着书架，工作人员赶忙将他长期珍藏爱读的宋人笔记《容斋随笔》递到他面前。整整一天，他11次被扶起阅读，最后一次翻书是下午4时37分，7小时后，这位"书痴"永远合上了眼睛。

毛泽东用一生诠释了什么是真正的"活到老，学到老"——那是对

---

① 赵可：《毛泽东的读书学习生涯》（下），《学习时报》2021年8月2日第5版。

知识的敬畏，对真理的追寻，更是对生命意义的升华。

点评：

伟人已逝，书香长存。毛泽东的读书故事，不仅是个人奋斗的缩影，更是一代人对知识的集体记忆。毛泽东的读书学习生涯及其读书精神、态度和方法，开启了中国共产党人读书治学的一代新风。正如他所说："读书是学习，使用也是学习，而且是更重要的学习。"读书不仅是个人修养的阶梯，更是改变命运、改造社会的"金钥匙"。党员、干部应坚持理论联系实际的马克思主义学风。学风正，事业才会兴旺发达。

2. 人民的好总理

"周恩来同志是严于律己、清正廉洁的杰出楷模。"[①] 新中国成立后，百废待兴，不少故乡亲友给身为总理的周恩来写信，要求进京做事，在新政府里谋个一官半职。周恩来十分反感这种任人唯亲的腐朽作风，认为新社会不能搞旧社会的裙带关系。为此，他专门召集身边亲友开了一个家庭会议，并定下了著名的"十条家规"：

（一）晚辈不准丢下工作专程来看望他，只能在出差顺路时去看看；

（二）来者一律住国务院招待所；

（三）一律到食堂排队买饭菜，有工作的自己买饭菜票，没工作的由总理代付伙食费；

（四）看戏以家属身份买票入场，不得用招待券；

（五）不许请客送礼；

（六）不许动用公家的汽车；

（七）凡个人生活上能做的事，不要别人代办；

（八）生活要艰苦朴素；

（九）在任何场合都不要说出与总理的关系，不要炫耀自己；

（十）不谋私利，不搞特殊化。

---

① 习近平：《在纪念周恩来同志诞辰 120 周年座谈会上的讲话》，人民出版社 2018 年版，第 16 页。

家规是这样要求的，也是这样执行的。周恩来和邓颖超没有子女，但周家是个大家族，亲朋子侄众多。"周恩来同志严格要求自己的亲属，给他们订立了'十条家规'，从没有利用自己的权力为自己或亲朋好友谋过半点私利。"①

"十条家规"，看似无情却有情。周恩来和邓颖超两人工资二成以上都用于资助亲属，包括赡养长辈、接济平辈、供养侄辈。周恩来谆谆教导晚辈，要否定封建的亲属关系，要有自信力和自信心，要不靠关系自奋起，做自己人生之路的开拓者。邓颖超告诉亲友们："你们有困难，我们的工资可以帮助你们，毫不吝惜，但我们从来不利用工作职权来帮助你们解决什么问题，你们也不要有任何特权思想。"

周尔辉是周恩来的侄儿，父亲为革命牺牲了。1952 年，国家干部由供给制改为薪金制后，周恩来将他接到北京抚养。当时北京办有干部子弟学校，是专门培养烈士、高级干部子女的，条件比较好，但周恩来没有让周尔辉上这所学校，而是让他到普通中学就读。周恩来还特意嘱咐侄子，无论是领导谈话、填写表格，还是同学之间交往，千万不要说出与他的这层关系。

大学毕业后，周尔辉留在北京钢铁学院工作。1961 年，他与江苏淮安一位普通的小学教师孙桂云结婚，周恩来和邓颖超在西花厅为他们举办了简朴而热闹的婚礼。为解决两地分居问题，北京钢铁学院按照程序帮助孙桂云办理了进京调动手续。周恩来知道后教育周尔辉、孙桂云说："这几年国家遭受自然灾害，北京市大量压缩人口。你们作为总理亲属，要带头执行，不能搞特殊化。照顾夫妻关系，为什么只能调到北京，而不能调

---

① 习近平：《在纪念周恩来同志诞辰 120 周年座谈会上的讲话》，人民出版社 2018 年版，第 18 页。

到外地去?"于是,周尔辉和孙桂云放弃已办好的手续,一起回到了淮安。

周秉建是周恩来的侄女,是周恩来三弟周恩寿最小的女儿,周恩来和邓颖超很喜欢她。15 岁那年,周秉建响应党和国家的号召,去内蒙古插队,周恩来在家里专门为她做了送行饭,嘱咐她说:"我坚决支持你上山下乡,到内蒙古大草原安家落户。我要求你沿着毛主席指引的知识分子与工农相结合的道路永远走下去,一定要迎难而上,决不能当逃兵。"两年后,周秉建通过正常手续在当地应征入伍。当她在北京军区参加完新兵集训,穿着一身戎装兴高采烈地走进西花厅看望伯父伯母时,周恩来却对她说:"你能不能脱下军装,重新回到内蒙古草原?你不是说内蒙古草原天地广阔吗?"

周秉建以为伯父误解她走了后门当兵,连忙解释自己参军不是走了后门,而是通过了体检政审的正常手续。没想到周恩来摇摇头,严肃地说:"你参军虽然符合手续,但内蒙古那么多人,专挑上你,还不是看在我们的面子上?我们不能搞这个特殊,一点也不能搞。"听了周恩来的话,周秉建回到部队,向领导提出要离开部队回到草原上去。组织上考虑再三,还是把她留下来了,他们以为周恩来工作忙,也许拖几个月就把这事给忘了。没想到,周恩来知道后很生气,严厉地说:"你们再不把她退回去,我就下命令了。"在周恩来的督促下,周秉建离开了部队,重新回到了大草原,住进了蒙古包,后来她还嫁给了蒙古族青年,在内蒙古安了家,真正在草原上扎了根。

周恩来曾提出过这样的问题:"对亲属,到底是你影响他还是他影响你?一个领导干部首先要回答和解决这个问题。如果解决得不好,你不能影响他,他倒可能影响你。"① 他的亲属们,非但没有得到任何特殊

---

① 《周恩来选集》下卷,人民出版社 1984 年版,第 426 页。

照顾，反而受到了更"严苛"的约束。

周恩来是国家总理，管理着一个"大家"，他始终把自己当作人民的勤务员，以身作则，从自己做起，从自己家里做起，决不让亲属之事影响"大家"。

点评：

习近平总书记反复告诫我们："在管好自己的同时，严格要求配偶、子女和身边工作人员。"①党的十八大以来，在进一步规范领导干部本人不廉洁行为的同时，也加强了对领导干部亲属、身边工作人员和其他特定关系人相关违规行为的规制，推动新时代全面从严治党向纵深发展。周恩来的"十条家规"，不仅是对亲属的严格要求，更是培养干部遵守廉洁纪律的极好教材。它像一面镜子，告诫我们如何过好权力关、亲情关，如何反对特权思想和特权现象。

---

① 《习近平谈治国理政》第二卷，外文出版社 2017 年版，第 165 页。

3.坚强党性的典范

刘少奇作为中国共产党的重要领导人，他在革命洪流中的每一次抉择、每一场斗争，都生动诠释了共产党人"全心全意为人民服务"的根本宗旨和"为真理而斗争"的政治品格。同时，也都是一次对党性的考验。坚定的理想信念、鲜明的政治立场和高尚的道德风范，诠释了共产党人的党性修养，彰显出刘少奇对马克思主义的坚定信仰、对党和人民的无限忠诚。

刘少奇的革命生涯始于中国工人运动的早期实践。1920 年他加入上海共产党早期组织后，迅速成长为工人运动的骨干力量。1922 年，他参与领导安源路矿工人大罢工，这是中国共产党成立后第一次独立领导并取得完全胜利的工人运动。面对反动军阀的武力镇压，刘少奇始终站在斗争最前沿，明确提出"使无产阶级团结起来，养成无产阶级支配社会的潜伏势力"的口号，并通过组织工人夜校、建立工会组织，将马克思主义理论与工人实际紧密结合。

在安源罢工胜利后，刘少奇并未满足于暂时的成果，而是深刻认识到工人阶级需要科学的理论武装。刘少奇撰写了《对俱乐部过去的批评和将来的计划》、与朱少连合写了《安源路矿工人俱乐部略史》等，进一步思考工人运动的方针和计划。这一时期，他多次向党中央汇报工人运动情况，并提出"应该实行深入群众、长期隐藏、积蓄力量"的方针，为后来白区斗争提供了重要经验。真正的党性不仅体现在斗争的勇气上，更在于对革命规律的深刻把握。

　　大革命时期，刘少奇担任上海总工会总务科主任（相当于秘书长），他当时身患重病，但依然站在斗争的最前列，抱病参与领导了五卅运动等斗争。《上海总工会三日刊》曾发表题为《刘少奇的奋斗》的报道，记录了他开展斗争的情况："本会总务科正主任刘少奇在本会未被封以前，早就患重病在身，但因工人利益要紧，宁肯牺牲个人，抱病工作。自本会被封后，因工作过劳，病势严重。而刘少奇不仅不因病辞工，更日夜不休息片刻，检阅各种稿件，亲往工人群众中接洽各种事件。"①

　　在白色恐怖下，刘少奇两次被捕入狱，面对严酷考验，他正气凛然、坚贞不屈。第一次被捕在 1925 年底，因领导工人运动引起敌人的注意，被湖南军阀赵恒惕下令逮捕。消息传出后，全国各界包括全国总工会等纷纷发声抗议、要求释放，最终刘少奇在被关押一个月后获释。第二次被捕在 1929 年，当时刘少奇肩负重任出任满洲省委书记开展工作期间，在奉天（今沈阳）发生意外。虽遭审讯，但刘少奇处变不惊，且在同志们统一口供等努力下，因证据不足，不予起诉，取保释放，最终成功脱险。这两次被捕的经历惊心动魄，但刘少奇始终保持坚定立场，沉着应对，同时也彰显了他在复杂危险的革命斗争环境中坚持真理、不屈不挠的革命精神。

　　1932 年，刘少奇进入中央苏区工作。面对党内对毛泽东军事路线的批判，他公开表示：毛泽东同志的策略是对的，白区工作没有这样做，所以越斗革命力量越弱。在第五次反"围剿"失败后，他随红军长征，并在遵义会议上支持毛泽东及其正确主张。对毛泽东回归党中央领导集体，刘少奇认为红军有希望了，党有希望了，中国革命有希望了，体现了他对党的事业的坚定信念。

---

① 　刘荣刚：《从〈刘少奇年谱〉中学习领袖风范》，《学习时报》2021 年 5 月 31 日第 A5 版。

在艰苦卓绝的长征途中，刘少奇还展现出对战友的深切关怀。当部队陷入缺粮困境时，他主动将自己的配给粮分给伤员，并写下"共产党员应该在困难面前带头"的动员口号。这种以身作则的作风，正是刘少奇党性修养的生动体现。

全面抗战爆发后，刘少奇受党中央委派重返敌后，主持中共中央北方局工作。面对残酷的日寇和国民党顽固派的摩擦，他提出的"长期隐蔽，积蓄力量"，为后来党中央正式提出"隐蔽精干、长期埋伏、积蓄力量、以待时机"的敌后工作十六字方针作出了重要贡献，成功保存了党的有生力量。

在山西的抗日根据地，刘少奇推动建立"三三制"政权，团结一切可以团结的力量共同抗日。他亲自走访地主士绅，耐心解释党的政策，将减租减息与抗日动员相结合，极大调动了各阶层人民的积极性。1939年，他撰写《论共产党员的修养》，系统阐述党员如何在思想上、政治上、行动上保持先进性，这篇著作成为全党整风运动的重要教材，至今仍是党性教育的经典文献。

抗战胜利后，刘少奇协助毛泽东制定"向北发展、向南防御"的战略方针，亲率工作组奔赴东北，迅速打开局面。他提出"建立巩固的东北根据地"的任务，强调"人民群众的支持是战争胜利的基础"，并在短时间内恢复和发展了东北经济，为全国解放战争提供了重要支撑。

解放战争时期，刘少奇作为中央军委副主席，协助毛泽东指挥三大战役。初期，他和朱德深入分析敌我形势，强调要把兵力集中起来，贯彻好打歼灭战的思想，并在土地改革中实现"耕者有其田"，使解放区后方更加稳固。1947年，他主持召开全国土地会议，通过《中国土地法大纲》，彻底摧毁封建土地制度，动员亿万农民支援前线，加速了国民党政权的崩溃。

2018年11月23日，习近平总书记在纪念刘少奇同志诞辰120周年座谈会上的讲话中指出："刘少奇同志数十年如一日的不懈奋斗，在我们党的历史上、在中华民族走向伟大复兴的历史上占有重要地位。刘少奇同志的崇高品德和高尚情操，无论过去、现在、将来都是中国共产党人和中国人民学习的光辉榜样。"①

点评：

党性是党员、干部立身、立业、立言、立德的基石。坚持以党性立身做事，是党员、干部的终身必修课。刘少奇始终以共产党员的标准严格要求自己，在血与火的考验中铸就了"对党忠诚、服务人民、艰苦奋斗"的党性丰碑。他的实践证明：真正的党性不是抽象的概念，而是体现在关键时刻的选择、重大关头的担当和为民服务的实践中。党性修养不是一朝一夕可完成之事，而是一个长期的、动态的改造过程，需要在终身学习、终身思想改造中养成。这种宝贵的精神遗产，至今仍激励着中国共产党人在新时代新征程上奋力前行！

---

① 习近平：《在纪念刘少奇同志诞辰120周年座谈会上的讲话》，人民出版社2018年版，第9页。

4.度量大如海

"中国红军之父""永远的总司令""中国军人的伟大导师"……这一个个头衔，无疑都彰显了新中国十大元帅之首的朱德在人民军队中不可撼动的重要地位。无论是面对党内斗争的严峻考验，还是处理民族危亡的千钧重负，他始终以包容天地的格局化解矛盾，以虚怀若谷的智慧凝聚人心，在关键时刻展现出扭转乾坤的力量。这位从旧军队走出的开国元勋，用他的一生诠释了"度量大如海"的真谛。

1927年南昌起义的枪声惊醒了沉睡的东方大地，但随后的挫折让起义军几乎陷入绝境。面对士气低落、军心涣散的局面，朱德力排众议：留得青山在，不怕没柴烧。他不仅保住了第20军教导团和第3师这两支革命火种，还主动将缴获的5000多支步枪分发给愿意追随革命的士兵。这种在逆境中保全革命力量的科学决策，展现出超越时代的战略眼光。

毛泽东评价朱德同志，说他"度量如大海，意志如钢铁"。这种评价不仅源于其军事才能，更凸显其工作作风和政治智慧中的包容特质。

当毛泽东带着秋收起义部队登上井冈山时，朱德面对"红旗到底打多久"的悲观论调，三次赴茅坪八角楼与毛泽东彻夜长谈。在军事战略上，他坦然接受了"农村包围城市"的创新主张。这种以大局为重的胸襟，最终促成了中国革命史上最具意义的"朱毛会师"。杨得志上将在回忆土地革命战争时期自己的军旅生涯时也曾说："朱总平时对人很好，有说有笑。我从来没见他发过脾气，骂过人，什么也难不着他，我们都把他当父母看待。"

长征途中，面对张国焘公然分裂党和红军的恶劣行径，以及党和红军内部可能发生的严重冲突，随左路军行动的朱德在极其艰难的处境中，始终坚持党性原则，顾全大局，极力维护党的团结统一。1935 年 9 月中旬，张国焘在阿坝主持召开党的活动分子会议，在讲话中攻击中央北上是"逃跑主义"，威胁要对经过斗争和教育仍不转变的人给予"纪律制裁"。随后，张国焘和一些受到其蛊惑的人，要求朱德当众表态"同毛泽东向北逃跑的错误划清界限"，回答是"北上"还是"南下"。朱德从容不迫地说道：北上决议，我在政治局会议上是举过手的，我不能出尔反尔。我是共产党员，我的义务是执行党的决定。南下是没有出路的！① 无论对方如何施加压力、恶语相向，朱德总是一言不发，等对方骂完，再讲道理。

1935 年 10 月 5 日，坚持南下的张国焘在卓木碉（今马尔康县脚木足）召开高级干部会议，公然宣称另立以他为首的"临时中央"，还要求朱德进行表态。朱德心平气和、语重心长地说："大敌当前，要讲团结嘛！天下红军是一家。中国工农红军在党中央统一领导下，是个整体。大家都知道，我们这个'朱毛'，在一起好多年，全国全世界都闻名。要我这个'朱'去反'毛'，我可做不到呀！"② 在张国焘不顾朱德的反对，宣布所谓"中共中央"名单，其中朱德为"中央委员""中央政治局委员""中央书记处书记"时，朱德严正表明自己坚决保留意见，会按党员规矩办事，以个人名义做革命工作。

在同张国焘分裂行为进行坚决斗争的整个过程中，朱德还始终强调

---

① 金冲及主编：《朱德传》（修订本），中央文献出版社 2006 年版，第 426—427 页。

② 徐向前：《历史的回顾》，人民出版社 2016 年版，第 267 页。

要严格遵守党的组织纪律和组织原则，维护党的团结统一，凝聚人心。即使张国焘走上了分裂道路，朱德仍一直与他商量军事行动，以理服人地规劝张国焘，直至 1936 年 6 月 6 日张国焘最终不得人心、宣布取消另立的"中央"。朱德在这场政治考验中展现出的胆识与度量，堪称革命家的典范。

1950 年初解放军进军大西南时，面对当地复杂的宗教势力，朱德亲自接见班禅额尔德尼，赠送《中国人民政治协商会议共同纲领》并承诺"保护寺庙，尊重宗教"。在凉山彝族地区，他特批释放被俘的奴隶主，允许其暂时保留部分武装参与地方治安维护。这种既坚持原则又尊重传统的治理方式，实现了民族地区的和平解放。

朱德的行为，赢得了党内外的高度评价。

点评：

朱德留下的不仅是彪炳史册的功勋，更是一座永不褪色的精神丰碑。他的度量如海，不仅容纳了个人的荣辱得失，更承载起民族复兴的伟大使命。作为新时代的党员、干部，要有"海纳百川"的胸襟，包容不同声音和诉求；要保持"虚怀若谷"的姿态，善于倾听基层智慧；要树牢"功成不必在我"的境界，着眼长远发展。这种超越时代的领导作风和政治智慧，激励指引我们在新时代新征程上继续前行，为实现强国建设、民族复兴伟业凝聚磅礴力量。

5.我是实事求是派

美国原国务卿基辛格在多次与邓小平打交道之后认为，邓小平的"实事求是作风把中国从走历史捷径的大梦中唤醒，重回必须依据宏图伟略按部就班实现历史的现实世界中"①。邓小平自认为是"实事求是派"，他曾因为坚持实事求是而在政治上遭遇重大挫折，也因为坚持实事求是带领中国成功开辟中国特色社会主义道路。

邓小平说自己既不是保守派，也不是激进派，而是实事求是派。在1992年初的南方谈话中，他说比较相信毛主席讲的实事求是。实际上，实事求是出自中国古代史书《汉书》。毛泽东结合革命实践的新鲜经验，对实事求是进行了新的解释。毛泽东说："'实事'就是客观存在着的一切事物，'是'就是客观事物的内部联系，即规律性，'求'就是我们去研究。我们要从国内外、省内外、县内外、区内外的实际情况出发，从其中引出其固有的而不是臆造的规律性，即找出周围事变的内部联系，作为我们行动的向导。而要这样做，就须不凭主观想象，不凭一时的热情，不凭死的书本，而凭客观存在的事实，详细地占有材料，在马克思列宁主义一般原理的指导下，从这些材料中引出正确的结论。"②毛泽东正是靠实事求是带领中国共产党人成功开辟出一条中国特色革命道路。邓小平很好地继承和运用了毛泽东的实事求是思想。

---

① ［美］亨利·基辛格：《论中国》，胡利平等译，中信出版社2012年版，第321页。
② 《毛泽东选集》第三卷，人民出版社1991年版，第801页。

邓小平因坚持实事求是地干工作，曾受到政治打击。1933 年初，中共临时中央政治局迁入中央苏区后，便全面贯彻"左"的政策。思想"左"倾的领导人反对毛泽东等在苏区所施行的符合实际的政策。他们不但将毛泽东排斥出红军领导岗位，而且对其他抵制"左"的政策的人予以排挤、打击，他们还派出代表到各苏区贯彻落实"左"的政策。1933 年 2 月，中共福建省委代理书记罗明，由于不赞成"左"的政策，被斥之为犯了右倾机会主义和对革命悲观失望的错误，即所谓"罗明路线"，并受到撤职处分等种种打击。时任中共江西会昌中心县委书记的邓小平等人坚决贯彻毛泽东的正确主张，面对敌人"围剿"，不拼硬、不搞"堡垒对堡垒"；不同意"动员一切经济力量为了战争"的口号，主张主力红军要把打土豪筹款作为自己的主要任务；在土地问题上，反对"地主不分田，富农分坏田"的错误主张，坚持执行按照人口平均分配和"抽多补少、抽肥补瘦"的正确政策。正是因为在行动中坚持实事求是，抵制了王明的教条主义错误，邓小平、毛泽覃、谢维俊、古柏 4 人受到了错误批判。他们被称之为"江西罗明路线"的"领袖"。他们虽据理力争，但依然在临时中央和中央局特派员主持的江西省委工作总结会上，被撤销了职务，还当众被缴了枪，被派去基层改造。① 邓小平被撤了职，得到"党内最后严重警告"处分。随后，邓小平被派到乐安县属的南村当巡视员。到了乐安不足 10 天，有关领导怕边区不安全，又让邓小平回到省委。这是邓小平政治生涯三落三起的"第一落"。在"文革"期间，毛泽东曾提到邓小平是"毛派的头子"，1973 年，邓小平第二次快速复出。复出后的邓小平注重"促生产"，大力进行整顿。其间，中央政治局开会提出由邓小平主持对"文革"作个决议，意在肯

---

① 毛毛：《我的父亲邓小平》上卷，中央文献出版社 1993 年版，第 315 页。

定"文革"。邓小平以我是"桃花源中人，不知有汉，何论魏晋"，推辞了。邓小平这一实事求是的做法与他的第三次被"打倒"有着较为密切的关系。

邓小平就是这样一直坚持实事求是的工作作风。新中国成立后，他在主政大西南期间，就根据西南实际情况采取了很多措施，推动了西南地区发展。"大跃进"期间，很多地方出现挨饿现象。有的地方为了填饱肚子，悄悄把地分给老百姓，搞起了变相的"包产到户"。对这一行为，中央有不同意见。有人认为，包产到户就是走资本主义道路，包产到户容易带来农村的贫富分化，还会出现地主和农民的对立。有人则认为，包产到户，把地给农民种，土地还是属于国有的，不仅不会损害国家利益，还能够调动农民积极性，度过饿肚子的困难时期。但两种意见，争论激烈。时任中共中央总书记的邓小平对此说："生产关系究竟以什么形式为最好，恐怕要采取这样一种态度，就是哪种形式在哪个地方能够比较容易比较快地恢复和发展农业生产，就采取哪种形式；群众愿意采取哪种形式，就应该采取哪种形式，不合法的使它合法起来。这都是些初步意见，还没有作最后决定，以后可能不算数。刘伯承同志经常讲一句四川话：'黄猫、黑猫，只要捉住老鼠就是好猫。'这是说的打仗。我们之所以能够打败蒋介石，就是不讲老规矩，不按老路子打，一切看情况，打赢算数。现在要恢复农业生产，也要看情况，就是在生产关系上不能完全采取一种固定不变的形式，看用哪种形式能够调动群众的积极性就采用哪种形式。"① 这段话后来被演绎为"不管黑猫、白猫，抓住老鼠就是好猫"的"猫论"，形象表达了邓小平的实事求是精神。20 世纪 80 年代初，有位领导曾问邓小平，对"黑猫白猫"这个说法现

---

① 《邓小平文选》第一卷，人民出版社 1994 年版，第 323 页。

在怎么看？邓小平回答："第一，我现在不收回；第二，我是针对当时的情况说的。"①

后来，针对有人议论自己的派别色彩，1987 年 3 月 3 日，邓小平在会见美国国务卿舒尔茨时表示："国外有些人过去把我看作是改革派，把别人看作是保守派。我是改革派，不错；如果要说坚持四项基本原则是保守派，我又是保守派。所以，比较正确地说，我是实事求是派。"②

点评：

实事求是，是马克思主义的根本观点，是中国共产党人认识世界、改造世界的根本要求，是我们党的基本思想方法、工作方法、领导方法。中国共产党是靠实事求是起家和兴旺发展起来的，做到实事求是，就能兴党兴国；违背实事求是，就会误党误国。中国共产党干革命、搞建设、抓改革，都是为了解决中国的现实问题。而要解决中国的现实问题，最基本的前提是全面客观地了解基本情况。习近平总书记强调："坚持从实际出发，前提是深入实际、了解实际，只有这样才能做到实事求是。要了解实际，就要掌握调查研究这个基本功。"作为党员、干部，要掌握好、运用好调查研究这个重要法宝，以利于坚持实事求是的思想路线。

---

① 汪作玲：《〈邓小平文选〉（1938—1965 年）编辑记事》，《党的文献》1990 年第 3 期。

② 《邓小平文选》第三卷，人民出版社 1993 年版，第 209 页。

6. 交换、比较、反复

1990 年春节，在杭州休养的陈云亲笔手书一条幅赠送给时任浙江省委书记的李泽民，上书 15 个大字："不唯上，不唯书，只唯实。交换，比较，反复。"这 15 个字正是陈云一生坚持真理、实事求是的写照。

前 9 个字是陈云在延安整风时期通过学习马克思主义哲学，结合中国革命斗争实践中的经验教训，将实事求是的思想方法总结概括而得出的科学的领导方法和工作态度。"不唯上"，是指不能机械地用上级的指示和决定，不能以上级的原则为教条，而要把上级的方针和原则与本地区、本部门的工作实际相结合起来。"不唯书"，即不是不读书，不要理论，而是不能把理论、书本奉为教条，要把理论与实际结合起来。"只唯实"，即一切从实际出发，从中国的国情和实际需要出发，实事求是地处理问题，制定切实可行的路线、方针、政策。

陈云又把辩证唯物主义的基本原理概括为后 6 个字——交换、比较、反复，并且在 1962 年 2 月 8 日参加七千人大会的陕西省干部会议上的发言中作了进一步的解释。当时正值"大跃进"及庐山会议之后，党内民主生活一度被破坏，再加上百年不遇的自然灾害和偿还苏联贷款，我国的经济发展和人民生活面临严重困难。在此情况下，中共中央于 1962 年 1 月 11 日至 2 月 7 日召开了扩大的中央工作会议，即七千人大会，对工作中的缺点错误进行总结和调整。

在这种情况下，陈云明确表示这几年我们党内政治生活不正常，"逢人只说三分话，未可全抛一片心"的现象十分严重。"在党内不怕有人说错话，就怕大家不说话。"使党内有正常的民主生活，就要勇于开展批评与自我批评，敢于坚持真理、修正错误。这样就需要有正确认识问题的方法，即实事求是。为此，他强调提出这 6 个字："交换、比较、反复"。"交换"，就是要虚心，多听不同的意见。不仅要听正面的意见，也要听反面的意见，而且要"多和别人交换意见。这样做，本来是片面的看法，就可以逐渐全面起来；本来不太清楚的事物，就可以逐渐明白起来"。听取不同的意见，才能既看到事物的正面，又看到事物的反面，使我们的看法更全面、正确。"比较"，就是在制定政策时，将各种方案多方比较，而且不但要和现行的作比较，和过去的作比较，还要和外国的作比较。这样才能弄清情况，作出准确判断。"反复"，就是决定问题不要太匆忙，要留一个反复考虑的时间，最好过一个时候再看看，然后再作出决定，这样才能使认识更全面，作出的决策更切合实际。

陈云有句名言："要用百分之九十以上的时间研究情况，用不到百分之十的时间决定政策"，说的就是调查研究的重要性。调查是"十月怀胎"，解决问题是"一朝分娩"。研究是调查问题和解决问题的中间环节，没有研究的调查对解决问题还是于事无补，无异于胎死腹中。只有把二者有机结合起来，才会达到预期的目的。搞调查研究有两种方法，一种是亲自率工作组或派工作组下乡、下厂蹲点调查；另一种是通过敢讲真话的知心朋友和曾在身边工作的人员，同他们建立固定的、长期的联系，他们可以经常听到基层干部和群众的真实呼声。

2015 年 6 月 12 日，在纪念陈云同志诞辰 110 周年座谈会上，习近平总书记指出："陈云同志身上表现出来的坚定理想信念、坚强党性原则、求真务实作风、朴素公仆情怀、勤奋学习精神，永远值得我们学习。""我们纪念陈云同志，就要学习他实事求是的精神。对实事求是，陈云同志践行了一生。"①

点评：

　　实事求是是我们党在长期实践中得出的宝贵经验和推进工作的重要法宝，是我们党的生命线和根本工作路线，是我们党永葆青春活力和战斗力的重要传家宝。交换、比较、反复，体现了陈云坚持一切从实际出发、实事求是的作风。实事求是就是最大的党性。敢不敢、能不能实事求是，是干部党性纯不纯、强不强的重要体现。党员、干部要坚持从实际出发、实事求是，这不只是思想方法问题，还是党性强不强的问题。

---

① 习近平：《在纪念陈云同志诞辰 110 周年座谈会上的讲话》，人民出版社 2015 年版，第 5、9 页。

7.节俭几近苛刻

2001 年 10 月 15 日，时任福建省省长的习近平给适逢 88 岁"米寿"的父亲习仲勋写了一封情深意切、大义微言的"拜寿信"。习近平的母亲齐心说："这封信，既是近平本人并代表儿女们对父亲真实情感的流露，也是一个革命后代继承先辈精神的誓言。"在这封信中，习近平深有感触地写道："我们从小就是在父亲的这种教育下，养成勤俭持家习惯的。这是一个堪称楷模的老布尔什维克和共产党人的家风。这样的好家风应世代相传。"①

在工作生活中，习仲勋严格自律，真正做到了严格家教、严明家规、严肃家风。习仲勋的严格家教是众所周知的，他总是用自己的一言一行影响着家人。齐心回忆："也许是仲勋打心眼里爱孩子的缘故，所以他特别重视从严要求和教育子女。"为了让子女从小养成独立的生活习惯，习仲勋让桥桥姐弟四人都在八一小学寄宿上学。每到周末，四人都是乘公共汽车回家，习仲勋从没用自己的车接过他们。当年女儿桥桥考中学时，离 101 中学录取分数线差了 0.5 分，当时 101 中学也表示可以接收，但他没让女儿搞特殊化进 101 中学，而是去了第二志愿的河北北京中学，并且还让女儿必须继续住校，改随母姓，把家庭出身由革命干部改为职员。女儿乾平"文革"前毕业于外交学院，分配到《国际商报》工作。1983 年，王光英筹建光大公司，有意调她去工作。习仲勋闻

---

① 《习仲勋传》编委会编：《习仲勋传》下卷，中央文献出版社 2013 年版，第 643 页。

知后，当面谢绝了王光英的好意，还说："你这个光大公司名气大，众
目睽睽，别人的孩子能去，我的孩子不能去！"习仲勋和齐心经常鼓励
儿女多读书、多学习，为人民作贡献，每过一段时间都要提出新的要
求，要求也越来越高。有一次，当着儿女们的面，齐心对他们说："家
中的小事不能影响工作。"习仲勋听到后却严厉地说："大事也不能影响
工作！"习家对子女大事小事都要求严格，随时提醒他们注意保持好的
传统。习近平担任福建省省长时，齐心依照家里的规矩给他写信，语重
心长地嘱咐他更要从严要求自己。习仲勋对孩子如此，对妻子也这样。
齐心曾经讲过一件往事：1947 年 5 月，组织上安排她随同慰问团去安塞
参加祝捷大会，顺便也能和丈夫见个面、看看他，可谁想到见面后习仲
勋却非常生气，当着众人严厉批评她："这么艰苦，你来干什么！"齐心
与习仲勋风雨相伴 58 年，曾经聚少离多，但从没考虑过利用丈夫的职
权和影响"调换一下工作，离家近一些"，正如齐心所说："你也没有想
过动用手中权力帮我换一个离家近一些的单位。"甚至她都"还没出过国，
连港澳也没去过，最远的只是去过深圳沙头角"。① 这种严格自律的家风
浸润着家人的心田，厚植于每个人的心中。

当习近平走上领导岗位后，齐心专门开家庭会，要求其他子女不得
在他工作的领域从事经商活动。受父母耳濡目染的影响，习近平秉承家
风，对家人要求也非常严格。他担任领导干部后，每到一处工作，都会
告诫亲朋好友："不能在我工作的地方从事任何商业活动，不能打我的
旗号办任何事，否则别怪我六亲不认。"② 无论是在福建、浙江还是上海
工作，他都在干部大会上公开郑重表态，不允许任何人打他的旗号牟私

---

① 《习仲勋传》编委会编：《习仲勋传》下卷，中央文献出版社 2013 年版，第 630 页。
② 《习近平谈治国理政》第一卷，外文出版社 2018 年版，第 445 页。

利，并欢迎大家监督。在地方工作时，每次妻子到他那里，他从不声张，很多可以偕夫人一起前往的场合，也都不让妻子参加。不搞特殊、不要特权、不图享受，正是这种严以律己、克己奉公家风的真实体现，是人前人后立得住过得硬家风的生动写照。

在生活上习仲勋勤俭节约。齐心在回忆文章中曾经非常清晰而明确地总结道："在仲勋的影响下，勤俭节约成了我们的家风。"早在20世纪50年代到60年代初，习仲勋就经常叮嘱子女要节俭过日子，不要乱花钱。女儿桥桥也曾回忆，吃饭时，父亲常把他们掉在桌上的饭粒、馍渣捡起来吃，最后还要用馍把菜碟里的汤水蘸净。有一次，桥桥不小心碰翻了汤碗，习仲勋没说什么，俯身将洒在桌上的汤汁吸吮干净。"那时候，咱家的孩子们到哪都是最朴素的。在天安门观礼时，人们看到一群穿着补丁摞补丁衣服的孩子，问：这些孩子是谁家的？有熟悉的就说，穿得这么破还能有谁的，习仲勋的呗。"习家的俭朴就这样出了名，以至国务院机关举办活动时，有人就说："看哪个孩子穿得最朴素，肯定就是习副总理家的。"习仲勋不但对孩子是这样教育的，对妻子也是这样影响的。据齐心回忆，20世纪50年代末，在参加一次晚会的时候，齐心听见有人在她身后议论说："习副总理的夫人穿着怎么那么土啊！"齐心听了，心里有一种说不出来的滋味，回家后对习仲勋说了，习仲勋听后笑着说："土比洋好！"这是把节俭作为快乐、作为美德乃至作为财富的一种境界，是艰苦朴素精神和勤劳淳朴作风在家中生活的延伸。习近平在写给父亲的"拜寿信"中谈到"学父亲的俭朴生活"时就感慨："父亲的节俭几近苛刻。""我们从小就是在父亲的这种教育下，养成勤俭持家习惯的。"家风如春雨，润物细无声。当年习近平从中央军委办公厅到河北正定县任职时，就一身旧军装，床铺上铺的是一条母亲给他做的打满补丁的旧褥子，而且3年多时间里，他就睡在办公室。担任党中央总书记后的习近平，生活中仍然保持着"不讲究"的平民风格。他吃"家常菜"，品"平民美食"，反对"舌尖上的浪费"；他穿"平常衣"，朴素无华；他外出调研住"普通房"，轻车简从，反对超标准接待；等等。这些都是长期以来勤俭节约家风熏陶形成的一种自觉和习惯。这是习仲勋家风中最为本色的特征。

点评：

家庭是社会的基本细胞，是人生的第一所学校。党员领导干部不重视家风建设，对配偶、子女及其配偶失管失教，势必造成不良影响或者严重后果。党员、干部要深刻认识家风建设的重要性，注重家庭、家教、家风，使千千万万个家庭成为国家发展、民族进步、社会和谐的重要基点，真正把家庭建设成家教好、家规严、家风正和家味浓的健康细胞，让向上向善的共同理想、志趣、品质、人格、信仰在家中蔚然成风，并世世相袭、代代相传。

8. 苏区干部好作风

在土地革命战争时期的中央革命根据地，一大批干部有着"自带干粮去办公，日穿草鞋干革命，夜打灯笼访贫农"的朴素形象。这被称为苏区干部好作风。在物资匮乏、环境险恶的条件下，他们以艰苦奋斗、清正廉洁、密切联系群众的作风，赢得了"第一等工作"的赞誉。

苏区干部作风的根基，在于坚持"没有调查就没有发言权"的科学方法。毛泽东在中央苏区开展寻乌调查、兴国调查等，走访数百户农家，写下数万字的调查报告，为土地政策制定提供了依据。在兴国县，干部们深入田间地头，不仅解决土地分配问题，还关心群众"柴米油盐、婚丧嫁娶"等琐事。例如，长冈乡干部为帮助群众解决春荒，连夜粜米救济，甚至自掏腰包购买种子。① 这种"从群众中来，到群众中去"的实践，成为苏区干部的行动准则。

1929年春，朱德在福建长汀县见到农民老刘拉犁艰难，便卷起裤管下田，边拉犁边说："种地要细心，这些草要是不拔掉，它就要吃庄稼了。"这一举动让老刘深受感动："总司令，你指挥千军万马，还帮我们种地？"朱德回答："帮群众干活是分内的事。"这一故事成为"官兵一致、同甘共苦"的象征，也印证了毛泽东"关心群众生活，注意工作方法"的论断。

---

① 万振凡：《苏区干部好作风与党员干部作风建设》，《光明日报》2017年5月3日第11版。

为支援前线，苏区干部自发实行"星期六义务劳动日"，帮助红军家属耕种、收割。在兴国县，乡干部不仅白天劳动，夜晚还打着灯笼走访贫农，宣传参军光荣。据统计，中央苏区扩红 30 余万人，其中长冈乡 90％的青壮年主动参军。这种"舍小家顾大家"的奉献精神，让群众发自内心称赞："共产党真正好，什么事情都替我们想到了。"

1934 年，江西省苏维埃政府主席刘启耀带头背米办公，省下公家伙食费。长征后，他与组织失联，靠乞讨度日，却始终守护着装满金条的包袱，声称"革命成功了，我要用这些钱建设苏区"。新中国成立后，他历任省民政厅厅长等职，仍保持简朴生活，临终前将积蓄全部交作党费。

为解决苏区食盐短缺，兴国县干部许承栋带领群众用双层粪桶和棺材伪装，穿越封锁线运盐。途中遭遇敌军，他让乡亲带着盐先走，自己与兄弟阻击敌人，最终壮烈牺牲。牺牲时，他口袋里仅剩三块银元，其中一块还是向群众借的。

苏维埃政府设立工农检察部，通过"控告箱"、突击队等监督机制严惩贪腐。1934 年初，中央苏区发出"为四个月节省八十万元而斗争"的号召，陈云、邓颖超等 23 名干部率先致信《红色中华》，承诺：一、每天节约二两米，使前方红军吃饱饭，好打胜仗；二、今年，公家不发我们热天衣服，把这些衣服给战士穿。毛泽东更提出"贪污和浪费是极大的犯罪"，在饮食上与干部群众"有盐同咸、无盐同淡"。推动《政府工作人员惩办条例》等法规出台。

中央苏区时期，毛泽东在夜间办公时坚持只用一根灯芯，经常在微弱的光亮中伏案工作至深夜，省下灯油支援前线。他的一件旧棉袄补丁摞补丁，警卫员劝他换新衣，他却说："补丁越多，越能保暖。"在第五次反"围剿"期间，苏区军民生活极度艰苦，每人每天仅发0.1角菜金和0.5斤粮食。为节省粮食，中央机关发起"每天节约二两米"运动，干部与群众同吃红米饭、南瓜汤，却毫无怨言。

苏区干部带头参军、参战、购买公债，长冈乡干部全部报名参军，乡苏维埃政府购买公债最多的也是党员干部。乡苏维埃政府主席谢昌宝总结经验，提出了著名的"十带头"和"四模范"。"十带头"为：带头学习政治、军事；带头遵守党的纪律；带头节约粮食、支援红军；带头优待红军家属；带头慰问捐献；带头参军参战；带头生产；带头执行勤务；带头购买公债；带头集股办合作社。"四模范"是：做扩红的模范、干部作风的模范、土地革命的模范、经济文化建设的模范。这种"先天下之忧而忧"的担当，成为苏区攻坚克难的精神动力。

苏区干部的这些好作风，使党在苏区群众中树立了高大的形象，提高了党的威望和号召力。正如毛泽东所言："我们共产党人好比种子，人民好比土地。我们到了一个地方，就要同那里的人民结合起来，在人民中间生根、开花。"① 这正是苏区干部作风留给我们的永恒启示。

点评：

苏区干部群体的作风，是马克思主义政党宗旨的生动实践。他们用双脚丈量民情，用生命捍卫信仰，用清贫守护初心，创造了"第一等工作"的奇迹。苏区干部的成功，源于他们始终将群众利益置于首位。习近平总书记强调，党的根基在人民、血脉在人民、力量在人民。无论是脱贫攻坚还是乡村振兴，只有像苏区干部那样倾听群众声音、解决实

---

① 《毛泽东选集》第四卷，人民出版社1991年版，第1162页。

际问题，才能赢得人民的信任和支持。正如方志敏在《可爱的中国》中所写："清贫，洁白朴素的生活，正是我们革命者能够战胜许多困难的地方！"这种作风不仅是历史的回响，更是新时代推进中国式现代化的宝贵精神财富。

9.种好蔬菜富百姓

王伯祥，山东省寿光市化龙镇北柴西村人，中共党员。任寿光县委书记期间，他针对寿光实际，集中力量办了多件大事，其中就包括建起蔬菜批发市场，把蔬菜大棚技术推向全县、全国，引发了全国的"绿色革命"。

蔬菜与市场，是乡村振兴"寿光模式"的起源。为了让老百姓过上好日子，王伯祥的目光首先投向"菜园子"，大胆提出把培育和扩建蔬菜批发市场作为全县第一要务，以经济规律为杠杆，以蔬菜市场为支点，撬动蔬菜产业发展。这是寿光历史上第一次把蔬菜产业放在如此重要的位置。从1986年开始，原寿光蔬菜批发市场3次扩建，占地面积从20亩扩大到600亩。正像王伯祥设想的那样：市场越来越大，生意越来越红火，交易量越来越多，很快形成了江北最大的蔬菜批发市场，全国215个大中城市都吃上了寿光菜，寿光成了买全国、卖全国的"一号菜园子"。

市场打出来后，王伯祥又开始了新的思考：菜是"夏天草，冬天宝"，怎么才能在冬天也大面积种菜呢？1988年腊月，三元朱村党支部书记王乐义带来喜讯：东北有个韩永山，能不生炉子、不烧煤，在寒冬腊月里种菜。为了证明自己的话，王乐义拿出了捎来的黄瓜。端详着顶花带刺、娇翠欲滴的黄瓜，王伯祥眼中放光："这不是黄瓜，是黄金！"请来了韩永山，但是建棚的六七千元费用在当时是天文数字，赔了钱，损失谁承担？"损失县里补偿，政治责任我来承担。"王伯祥给大家吃了定心丸。1989 年 8 月 10 日，王乐义和 17 名党员举起镰刀，砍掉玉米，解决了建设蔬菜大棚的用地问题。不到半年时间，当年农历腊月廿五，大棚里的黄瓜开摘了，三元朱村一下子冒出了 17 个"双万元户"。三元朱村能搞，其他地方也可以搞！王伯祥到三元朱村调研，看了试种成功的 17 个蔬菜大棚，认为这是富民强县的好技术，当即拍板在全县推广。紧接着，5000 多个大棚在寿光拔地而起。

2009 年，原寿光蔬菜批发市场搬到现在的寿光农产品物流园。物流园除了销售本地菜，还承担着冬季南菜北运、夏季北菜南销的重要功能，成为全国最大的蔬菜集散中心。如今，物流园高峰期的日交易量在 1 万吨左右，交易品种 300 多种，辐射全国 20 多个省区市，远销东南亚及俄罗斯等国家和地区。物流园不仅实现了蔬菜"买全国、卖全国"，让寿光蔬菜从研发、生产到物流、销售全产业链发展，同时由物流园和专家共同研发的"中国寿光蔬菜指数"，成为全国蔬菜价格和交易趋势的"风向标"，为国家发布有关蔬菜政策提供了重要参考依据。30 多年来，寿光蔬菜大棚不断地创新发展，从烧煤的"土棚子"到"晒太阳"的第一代冬暖式大棚，再到如今现代化的智慧大棚，发生了一场改变农民命运和改写农业历史的"绿色革命"。目前，寿光蔬菜种植面积超过 60 万亩，冬暖式蔬菜大棚如燎原之势推向全国。[①]

1991 年，寿光进入全国百强县行列。在王伯祥担任寿光县委书记 5 年多的时间里，寿光企业总产值翻三番，利税增长近 10 倍。他一个人带领一群人，埋头苦干，给寿光工业打下"基石"。其后，数任寿光县（市）领导班子，继续做大工业"增长极"。2008 年以后，王伯祥"退

---

① 中共中央组织部新闻和网络宣传办公室编：《新时期县委书记的榜样——王伯祥》，党建读物出版社 2010 年版，第 56 页。

而不休"，依旧拖着病体为寿光发展献计奔走。2009 年 12 月，王伯祥被评为敬业奉献"中国好人"。2009 年 12 月 31 日，王伯祥先进事迹报告会在人民大会堂举行，习近平同志亲切会见报告会全体成员，称赞王伯祥同志是"新时期县委书记的榜样"。2018 年 12 月 18 日，党中央、国务院授予王伯祥"改革先锋"称号，并颁授"改革先锋"奖章。2019 年 9 月，王伯祥被授予"全国最美奋斗者"。2023 年 3 月，王伯祥病危，已经无法说话的他用手颤颤巍巍写下：为人民服务，为人民服务好。谁为人民服务好，就是个好人好官。"为人民服务"是他留给家人的遗嘱，也是他用一生践行的信仰。在王伯祥"敢为天下先"精神的感召下，寿光市历任领导班子双手接过"接力棒"，抖擞精神再出发。如今的寿光，是"中国蔬菜之乡""中国海盐之都"，是党中央确定的改革开放 30 周年全国 18 个重大典型之一，也是庆祝改革开放 40 周年集中宣传和推广典型，获得"全国文明城市""国家卫生城市"等荣誉称号。

山东寿光的做法，不仅富裕了一方百姓，而且带动了其他地区的发展。比如，山东莘县向寿光学习，让农民从 1995 年开始种大棚蔬菜。现在，莘县农民几乎家家都有冬暖式大棚蔬菜，从产量上已经成为中国蔬菜第一县。

点评：

王伯祥带领寿光人民发展蔬菜产业、脱贫致富的生动实践，深刻诠释了共产党人全心全意为人民服务的根本宗旨。他扎根基层、心系百姓，用实实在在的行动践行党的群众路线，展现了党员、干部应有的责任担当。他始终把群众利益放在首位，深入田间地头，了解群众需求，带领群众发展大棚蔬菜，让寿光从贫困县一跃成为"中国蔬菜之乡"，还带动了其他地区的发展。这种好作风，正是党员、干部应有的。党员、干部要坚持以人民为中心，发扬求真务实、艰苦奋斗的优良作风，以实际行动赢得人民群众的信任和支持。

10. 一心一意为人民

在福建省东山县，尽管老县委书记谷文昌已经去世几十年，但当地老百姓一直怀念他，对他敬重有加，尊他为"谷公"。每年清明，"先祭谷公、后祭祖宗"，已成为当地百姓自发形成的习俗。

谷文昌，原名谷程栓，1915年出生于河南省林县（今林州市）南湾村一户贫农家庭。1944年加入中国共产党。1950年，谷文昌随军渡海解放福建省东山县，先后担任东山县城关区委书记、县委组织部部长、县长。1955年起任东山县委书记。

解放之初，东山县生态环境恶劣，一年四季6级以上大风多达150多天，森林覆盖率仅0.12%，饱受风沙肆虐，产业凋敝，农田绝收，百姓生存困难。

一次下乡路上，当时还是县长的谷文昌，碰到一群村民，身穿破衣、手提空篮，一打听，要去乞讨。"乞讨？东山解放都3年了，居然还发生这样的事。""我这个县长，对不住群众呀！""不把人民拯救出苦难，共产党来干什么！"要挖掉东山穷根，必先治服风沙，面对百姓发出的"神仙也治不住东山风沙"的绝望，谷文昌在县委会议上立下军令状："不治服风沙，就让风沙把我埋掉！"

1954年，东山县委成立"沙荒调查队"，谷文昌亲自带队"三探飞沙滩"，踏遍全县400多座山头，记录风沙走向、绘制灾害地图。为了找到合适的海防林种，他和技术人员查遍所有资料。听说广东电白县成功种活了一种名为木麻黄的树，谷文昌立即派人前去。1958年春，数十万株木麻黄遍植全岛。然而，持续一个多月的倒春寒，冻死了几乎全部树苗，只有白埕村 9 株幸存！谷文昌抚摸着那几株新绿的幼苗说："能活 9 株，就一定能活 9000 株、9 万株！"随后，迅速组建试验小组，实行"旬旬造林"试验办法，种试验林研究木麻黄的生长习性。在掌握了木麻黄的种植技术要领后，1958 年 12 月 20 日，谷文昌召开万人大会，再次向全县人民发出动员："上战秃头山，下战飞沙滩，绿化全海岛，建设新东山。"① 从 9 株木麻黄，变成了 20 亩丰产试验林，又海潮般向各村漫去……至 1964 年离任时，全县造林 8.2 万亩，400多座山头披绿，3.5 万亩沙丘变良田，风力减弱 41%—61%，蒸发量减少 22%，"神仙都难治"的风沙，被治服了，东山从此化蝶。这堪称中国治沙史上的奇迹。

"风沙治住了，水就是东山的命根子！"面对岛上"十年九旱"的困境，谷文昌提出"天上水、地下水、海水中找活路"的战略。1958 年修建红旗水库时，库区 113 户村民因眷恋故土不愿搬迁。谷文昌连续 7天驻村，坐在农家门槛上算"民生账"，最终村民自发拆房献石，仅用两年建成库容 329 万立方米的"生命之库"。如今该水库仍灌溉着东山县 60%耕地。1962 年大旱，谷文昌又提出"向沙滩要水"。在湖尾村沙地，他带领群众创制"水泥滤砂管"，解决沙层塌陷难题。从此，"东山人再不用喝苦咸水了！"该技术随后在全国沿海地区推广。

如果说，治沙造林给东山人带来的是有形的财富、享不尽的"红利"，那么在面对 1953 年国民党抓壮丁遗留的"敌伪家属"问题时，他顶住压力将其改为"兵灾家属"，最终使 1.2 万人重获公民权。一项德政，

---

① 钟自炜：《福建省东山县原县委书记谷文昌——誓把荒岛变绿洲》，《人民日报》2019 年9 月 18 日第 15 版。

十万人心。两年后的"东山保卫战"，验证了这一切。人心是最大的政治，担当是最大的责任。老百姓最质朴、最现实。你为百姓谋利，你替群众解忧，他们就真心拥护你。

1970年，下放到宁化县的谷文昌，被任命为隆陂水库的总指挥。56岁的他仍坚持带病工作，身边人常劝他不用冲在一线。谷文昌反驳道："发号召容易，真正干成一件事却不那么容易。事业要成功，领导是关键，指挥不在第一线，等于空头指挥。"他总说："关键时刻，干部在不在场效果大不一样。"植树造林，治理风沙，修建水库，谷文昌的作风，体现在点滴细节中，他公私分明，调任省林业厅时，行李仅两只旧皮箱、两瓮咸菜。女儿谷哲慧当15年临时工，他坚持不批转正，还说"县委书记的孩子不能搞特殊!"

习近平同志指出："福建东山县的县委书记谷文昌之所以一直受到广大干部群众的敬仰，是因为他在任时不追求轰轰烈烈的'显绩'，而是默默无闻地奉献，带领当地干部群众通过十几年的努力，在沿海建成了一道惠及子孙后代的防护林，在老百姓心中树起了一座不朽的丰碑。"[①]

谷文昌留下的工作笔记上写有这样两句："不带私心搞革命，一心一意为人民。"这是他一生的信仰，也是我们共产党人的初心所在。

点评：

谷文昌用一生诠释了"心中有党、心中有民、心中有责、心中有戒"的深刻内涵。习近平总书记多次强调：谷文昌同志展示了一名共产党员

---

① 习近平：《之江新语》，浙江人民出版社2007年版，第108页。

和一名领导干部的坚强党性、远大理想、博大胸怀、高尚情操。在福建工作期间，他三赴东山调研，指示要持续弘扬谷文昌精神。为官一任就要造福一方，要把丰碑立在人民群众心中。在新时代新征程上，这株永不褪色的"木麻黄"依然挺立，成为烛照前路的精神坐标。

11. 生也沙丘，死也沙丘

1964年5月14日凌晨，焦裕禄因肝癌医治无效，走完了短暂一生，年仅42岁。在生命的最后一刻，他对组织提出了唯一的要求，就是把他"运回兰考，埋在沙堆上"。他说："活着我没有治好沙丘，死了也要看着你们把沙丘治好。"

焦裕禄，1922年8月16日出生于一个贫苦家庭，1946年加入中国共产党。经过16年的艰苦磨炼，焦裕禄逐渐成长为一位能力全面的国家干部。但长年累月的高强度工作，让他患上了严重的胃病和肝炎。

1962年，在家人劝说下，焦裕禄决定到郑州的医院进行治疗。而这一年，兰考县正遭受严重的三害：内涝、风沙、盐碱。春天，严重的风沙侵袭毁坏了21万亩小麦；秋天，洪水淹死了23万亩庄稼，盐碱碱死了10万亩禾苗；全县粮食亩产只有43斤，兰考县36万人中就有近20万是灾民。就在这个时候，时任开封地委书记的张申找到了焦裕禄。张申知道焦裕禄善打硬仗，危险关头敢于向前冲，希望他能够到重灾区兰考县工作，救36万百姓于危难之中。焦裕禄放弃了继续在医院治病，义无反顾地接受了任务。他说："组织把这副担子交给我，是对我的信任。感谢党把我派到最困难的地方去工作，越是困难的地方越能锻炼人。请组织放心，不改变兰考面貌，我决不离开那里。"

1962年12月6日，焦裕禄带着兰考县委第二书记的任命书，一个人扛着行李来到兰考。在县委大院简单地吃过一顿饭后，他就开始调研。他发现，除"三害"首先要除思想上的病害，特别是要对县委的干部进行抗灾的思想教育，如何调动县委干部的积极性是他面临的首要问题。

在一个风雪交加的夜晚，焦裕禄召集县委干部们去了兰考火车站。他想让大家亲眼看看，有多少兰考灾民在逃荒要饭。村民雷中江逃荒时刚好遇到他带着干部们过来，害怕被遣返的他想跑已经来不及了。但焦裕禄亲切地说："你没事吧？我是兰考县的，我姓焦，叫焦裕禄。都是我们没有把工作搞好，让你们受苦了。你们去吧，路上注意安全。"焦裕禄的话不仅让雷中江感到意外而又温暖，也深深触动了县委干部们。干部们开始反思以前不敢与"三害"抗争而听天由命的行为，深深觉得对不起乡亲们的信任和党的重托。焦裕禄趁热打铁，引导大家要抖擞精神，带头实干，真正成为老百姓的主心骨。

在焦裕禄的感染和带动下，大家纷纷行动起来，开始积极下乡调研。在调研过程中，焦裕禄发现，兰考泡桐发叶晚，生长快，耐干旱、耐盐碱，适应性很强，是防风固沙的好树种。但之前，兰考老百姓也种过泡桐，可因树苗不容易存活，最终都不成规模，不能很好地防风固沙。他无意中在一片荒芜的沙丘发现，有一户村民的墓地绿意盎然，仔细观察，原来这一片草是在淤泥上生长出来的，根系发达，风再大也吹不走。受到启发后，他带领技术人员在一片20亩的沙丘上做起了试验。他们花了3天时间，用淤泥把沙丘封住。一场7级大风刮过，沙丘果然没有被吹动。焦裕禄很高兴，给这个办法取了个形象的名字——贴膏药。贴过膏药的沙丘再种上树，树更容易存活，这种办法叫扎针。在焦裕禄推动之下，这种贴上膏药再扎针的植树方法在兰考全县迅速推广起来，一场轰轰烈烈的植树运动就这样拉开帷幕。

焦裕禄坚信"没有调查就没有发言权"。他从全县抽调了干部、技术员和有着丰富经验的农民120多人，组成了除"三害"调查队。患着慢性肝病的他，常常忍着疼痛，和大家一起深入调查研究，许多同志担心他在大风大雨中奔波会加剧病情，劝他不要参加，但他毫不犹豫地拒绝了同志们的劝告，说"吃别人嚼过的馍没有味道"。他不愿意坐在办公室里，依靠别人的汇报来进行工作。半年下来，焦裕禄带领调研队靠着骑自行车和一双"铁脚板"，硬是走遍了全县140个大队中的120多个，行程近2500公里，取得了丰硕成果。他们彻底查清兰考县的大小风口84个，大小沙丘1600多个，河流淤塞点62个，并且逐个进行了编号绘图，留下了全套图纸资料。焦裕禄还亲自组织有关人员起草了关于治沙、治碱和治水三五年的初步设想草案，定下了改造兰考的蓝图。

焦裕禄亲民爱民，用辛勤的汗水换来了兰考"三害"治理工作的阶段性胜利。截至1963年底，兰考共植树2万多亩，改造了9万亩盐碱地，打造了83处堵风堤、186处防风带。在秋季，兰考虽然又遭受了罕见洪涝，但全年粮食仍然增产37%，家家户户的粮仓都充盈了起来。

兰考的日子越来越好了，可焦裕禄的病却越来越严重，疼痛也越来越频繁。他开会作报告时，总是用手按住肝部疼痛处，豆大的汗珠顺着额头滚下脸颊。有时候手的力道已经压不住疼痛，他就会用一个硬的东西，一头顶住椅子，一头顶住肝部。时间长了，他坐的藤椅被顶出了一个大窟窿。即使这样，他也没把自己的病放在心上。他说，病是个欺软怕硬的东西，你压住他，他就不欺负你了。

从刚来兰考时的意气风发，到一年多后的消瘦虚弱，焦裕禄的变化让周围的同志越来越担心。大家劝他尽快住院治疗，他却总是说工作忙，离不开。直到无法继续工作，焦裕禄才同意去郑州入院治疗。即便住院期间，他也一心只想回兰考，可医生却开出了最后的诊断书：肝癌后期、皮下扩散。在生命的最后一刻，焦裕禄的眼中既有不舍，也有遗憾。

点评：

焦裕禄是县委书记的榜样。习近平总书记指出："焦裕禄同志的事迹归结到一点，就是坚定跟党走，他一生都在为党分忧、为党添彩。焦裕禄精神跨越时空，永远不会过时，我们要结合时代特点不断发扬光大。"① 在兰考工作的 475 天，焦裕禄用生命树起一座共产党人的巍峨丰碑，铸造出亲民爱民、艰苦奋斗、科学求实、迎难而上、无私奉献的焦裕禄精神。焦裕禄虽然去世了，但他在兰考土地上播下的革命种子，他一心为民的高贵品质，成为全县、全国干部和群众学习的榜样，成为新时代新征程上共产党人奋力前行的精神动力。

---

① 习近平：《论党的青年工作》，中央文献出版社 2022 年版，第 137 页。

12. 干革命要干到脚直眼闭

"杨善洲，杨善洲，老牛拉车不回头，当官一场手空空，退休又钻山沟沟；二十多年绿荒山，拼了老命建林场，创造资产几个亿，分文不取乐悠悠……"这首流传于滇西保山市施甸县的民谣，不仅唱出了当地群众对云南省原保山地委书记杨善洲的由衷敬佩，还生动地向世人展现了一名共产党人 60 年如一日对党忠诚、无私奉献的光辉形象。

杨善洲从 1953 年担任区委副书记起，先后担任过县委副书记、县委书记，1977 年担任保山地委书记，直至 1988 年退休。他很少待在地委机关，一年里大部分时间都在乡下跑，顶个草帽，穿双草鞋，随身带着锄头、镰刀等各种农具，碰到插秧就插秧，碰到收稻就收稻，哪块地里的草长高了就锄两把。地里看过了，群众访问过了，这才到乡上县上。他说："与群众一起劳动，了解到的基层情况最真实。"

"一人种三亩，三亩不够吃。"这是早年流传在保山地区的顺口溜。由于保山地区山区面积占 91.79％，土壤贫瘠、种植方式落后、农田水利设施薄弱，农业产量在新中国成立初期很低。杨善洲看在眼里，急在心上："我们是党的干部，如果老百姓饿肚子，我们就失职了！"他专门在保场乡种了半亩粳稻试验田，试验"三岔九垄"插秧法。一亩地可以提高产量三四百斤。为让群众熟练掌握这一种植技术，他常年跑田间地头，亲自示范推广。直到现在，保山当地群众插秧还沿用这个方法。他还种了"坡地改梯田"、"改条田"、改籼稻为粳稻等各种试验田。1978 年至 1981 年，保山的水稻单产在全省一直排第一。1980 年，全国农业会议在保山召开，保山获得"滇西粮仓"的美誉，杨善洲则被人们称作"粮书记"。

杨善洲担任保山地委书记后，按照上级有关政策，地、师级干部，家在农村的母亲、爱人和不满16岁的儿女可以"农转非"，可他却把申请表格压在抽屉里一直不办。他说："大家都来吃居民粮，谁来种庄稼？身为领导干部，我应该带个好头。我相信我们的农村能建设好，我们全家都愿意和8亿农民同甘共苦，建设家乡！"

杨善洲担任领导干部30多年，可直到退休也没有为在农村的家盖一所像样的房子。他家的房子曾经是全村最差的，退休后回到大亮山林场种树，全家想方设法借了5万元在施甸县城附近买了一块地，勉强盖了一幢新房。老伴找到他问：能不能凑点钱，帮娃们还账？他东拼西凑仅拿出9600元。为了不拖累孩子们，杨善洲做主把房子卖了。这件事在保山广为流传，人们编成了顺口溜："施甸有个杨老汉，清正廉洁心不贪，盖了新房住不起，还说破窝能避寒。"

1988年3月杨善洲退休后，婉拒上级安排他到省城安享晚年的厚意，走进施甸县大亮山，与15名职工一道开始了起早贪黑植树造林的生活。在恶劣的气候环境中，住下来，成为第一考验。最初用树枝搭的窝棚，不到半年就被风吹烂了。他们又修建起40间油毛毡棚，冬天冷，夏天闷，碰上下雨，被窝常被淋湿。上山几年，杨善洲患了严重的风湿病和支气管炎。1992年，林场建起了砖瓦房，职工们首先想到了杨善洲，可他死活不住。他说："我一个老头子住那么好的房子干什么？"最后硬是把房子让给了新来的技术员，自己仍住在油毛毡棚里，一住就是9年，直到全部人搬进了砖瓦房。

杨善洲虽然是大亮山林场的主要创办人，却坚持不从林场领取报酬。最初的几年，林场每月给他补贴70元伙食费，后来调到100元。

林场曾多次要给他一个月 500 元的补助，他总是一句话顶回来："我上山是来种树的，要那么多钱干什么？"

22 个寒暑过去，大亮山林场人工林面积达 5.6 万亩，经济价值超过 3 亿元。2009 年，82 岁的杨善洲把大亮山林场的经营管理权无偿移交给国家。他说："这笔财富从一开始就是国家和群众的，我只是代表他们在植树造林。实在干不动了，我只能物归原主。"施甸县政府决定奖励杨善洲 10 万元，被他当场谢绝。保山市委市政府决定给予他 20 万元的特别贡献奖。经再三劝说，他接下了。转过身来，给保山第一中学捐出 10 万元，给林场建瞭望哨捐出 3 万元，给山下老百姓修建澡堂捐出 3 万元，仅余 4 万元留给他一生愧对的老伴。对此一般人难以理解，他却觉得很平常："我只是在尽一名党员的职责，只要活着，我就有义务和责任帮群众办实事。实在干不动了，只好把林场交还给国家，但这不是说我就退休了，有我力所能及的事，我还是要接着帮老百姓办，共产党员的身份永不退休。"

有人问他，放着好日子不过，何必自讨苦吃？他朴实的回答饱含着对党的绝对忠诚："入党时我们都向党宣过誓，干革命要干到脚直眼闭，现在任务还没完成，我怎么能歇下来？如果说共产党人有职业病，这个病就是'自讨苦吃'。"

点评：

"只要生命不结束，服务人民不停止。"这是杨善洲生前说过的一句话，也是他一生的写照。他在岗位上几十年如一日，一辈子为民造福，一辈子克己奉公。2011 年 4 月 13 日，习近平同志在学习杨善洲精神座谈会上指出："杨善洲同志的模范事迹和崇高精神，生动诠释了当代中国共产党人的先进和优秀，为党员干部特别是领导干部为政、干事、做人树立了一面光辉旗帜。""广泛开展向杨善洲同志学习活动，更好地坚持和传承中国共产党人的优秀品德、优良传统和良好作风，无论对于广大党员加强党性修养还是加强各级领导班子建设，都具有十分重要的意义。"① 新时代的共产党人要保持艰苦朴素、公而忘私的光荣传统，为推进强国建设、民族复兴伟业贡献力量。

---

① 《习近平在学习杨善洲精神座谈会上强调　学习杨善洲同志先进事迹　做人民满意的好党员好干部》，《人民日报》2011 年 4 月 14 日第 2 版。

13. 天下武功，唯快不破

1968 年，廖俊波出生于福建浦城县管厝乡的贫困农家。自幼在清贫中成长的经历，使他对"快"有着超乎常人的理解：母亲为筹措学费深夜纺纱的佝偻背影，早早地催生了他与时间赛跑的紧迫感。大学时代，廖俊波常说的一句话就是"天下武功，唯快不破"。1990 年从南平师专毕业后，他选择回到家乡邵武市大埠岗中学任教。

俊波速度，最早体现在了他的生活中，他曾笑谈自己"什么都快"，恋爱快、结婚快、生孩子快。快，成了他人生的旋律，造就了总在冲刺的"俊波效率"。

2007 年，廖俊波走马上任荣华山产业组团管委会主任，赤手空拳赴浦城县负责筹建工作，一起赴任的只有副主任刘晖明和司机。面对一片待开发的山包，没有规划，他找规划单位来做规划设计；没有土地，他与浦城县委县政府沟通协调征地拆迁；没有基础设施，他带领大家建路、挖沟、排水；为了招商引资，他驱车 36 万公里，常年奔波在浙江、广东等地。4 年间，完成征地 7000 多亩，招商引资签约项目 51 个，开工项目 23 个，总投资 28.03 亿元。浦城人惊呆了，直呼廖俊波创造了奇迹！①

2011 年 6 月，廖俊波履新政和县委书记。民间流传一句谚语："当

---

① 姜潇、姜洁：《"樵夫"的魔力——追记全国优秀县委书记廖俊波》，《人民日报》2017年 4 月 15 日第 1 版。

官当到政和，洗澡洗到黄河。"当时的政和县经济发展各项指标都长期位于全省末尾，被戏称为"省尾县"。但廖俊波用"快思维"重构时空：在首次干部大会上，他将县委会议室挂钟拨快十分钟，用"政和时间差"打破思维定式；主导建设省级工业园区时，他独创"逆向倒排工期法"，要求招商与基建同步推进，使原本需要 3 年完成的园区建设，仅用 8 个月就实现企业入驻。

2011 年 6 月到 2016 年 4 月，廖俊波担任县委书记期间，将政和县城的城镇化率从 31% 提高到 46%，迎宾大道建起来了，主街改造好了，政和广场、文化中心投入使用了，9 座市政桥梁竣工了，宁武、松建高速公路通车了！25 年高考没有人考上北大清华的历史结束了，过去连想都不敢想的工业园区已经开发完毕 3600 亩了。

2015 年任职武夷新区管委会主任期间，廖俊波将"快"的哲学升华为立体革命。他提出"三维加速度"理论：物理空间的快速建设、制度流程的极简重构、干群关系的无缝对接。在童游大街改造工程中，他亲自设计"四线工作法"：电话线 24 小时畅通、网络线实时审批、车轮线现场办公、脚板线入户走访，将原本需要半年的拆迁工作缩短至 28 天，创造了群众零上访的"和谐速度"。

在脱贫攻坚战场上，廖俊波用"快"编织出精准的民生网络。他首创"扶贫时间银行"机制，要求干部将入户走访时间折算成"服务积分"，推动全县建成 47 个村级"扶贫便利店"。2016 年推进石圳村"美丽乡村"建设时，他白天在工地与村民同吃盒饭，深夜在村委会召开"月光会议"，仅用 11 个月就将垃圾村变为国家 3A 级景区。

2017 年 3 月 18 日深夜，廖俊波在赶往会议途中遭遇车祸殉职，生命定格在 48 岁。但"俊波速度"却在八闽大地持续裂变：政和县连续 3 年蝉联全省县域经济发展十佳，武夷新区实现"五年再造一座新城"的奇迹，他首创的"马上就办"App已升级为覆盖全省的政务服务平台。

2017年3月31日，习近平总书记对廖俊波同志的先进事迹作出重要指示，强调："廖俊波同志任职期间，牢记党的嘱托，尽心尽责，带领当地干部群众扑下身子、苦干实干，以实际行动体现了对党忠诚、心系群众、忘我工作、无私奉献的优秀品质，无愧于'全国优秀县委书记'的称号。"①2017年6月6日，中共中央追授廖俊波同志"全国优秀共产党员"称号，号召广大党员、干部要向廖俊波同志学习，不忘初心、扎实工作、廉洁奉公，身体力行把党的方针政策落实到基层和群众中去，真心实意为人民造福。

点评：

政声人去后，民意闲谈中。廖俊波用生命诠释了新时代共产党员的"速度与激情"。他的"快"不是简单的工作节奏，而是"人民至上"理念的具象化：快速决策源自对民情的精准把握，快速执行基于对使命的忠诚担当，快速创新体现对时代的深刻认知。在"俊波速度"背后，我们看到"马上就办"的实干作风、"功成不必在我"的政绩观、"把办公室搬到田间地头"的群众路线。当今世界正值百年未有之大变局，党员、干部更应传承这种"为民而快"的精神密码，在推进中国式现代化进程中，既要做脚踏实地的"樵夫"，更要当劈波斩浪的"快舟"，用担当作为续写新时代的"赶考速度"。

---

① 《习近平关于社会主义精神文明建设论述摘编》，中央文献出版社2022年版，第194页。

14. 改天换地引水来

20 世纪 60 年代，在极其困难的条件下，时任河南省林县县委书记的杨贵带领全县人历时 10 年在太行山腰修建了引漳入林工程——红旗渠，被世人称为"人工天河"，从而彻底解决了林县人祖祖辈辈"吃水难"问题。周恩来曾自豪地对国际友人说：新中国有两大奇迹，一个是南京长江大桥，一个是林县红旗渠。人们也如此评价杨贵：古有都江堰，今有红旗渠；古有李冰，今有杨贵！

林县地处太行山东麓，"十年九旱"的刻板印象在地方志中有明确记载。据《林县志》载："明嘉靖年间大旱，井泉涸竭，人相食"。据林县档案馆 1960 年统计，新中国成立后，1949—1959 年发生自然灾害 10 余次，1959 年大旱使 90％农田绝收。全县 500 多个行政村中，307 个村人畜吃水困难，正常年景小麦亩产不足 35 公斤，秋粮亩产不足 100 公斤，形成"汗水浇土风洗面，茅草刷锅泪洗碗"的生存图景。

1954 年，年仅 26 岁的杨贵被组织安排到林县任县委书记，在这个太行山深处的山区县里，他前后工作了 19 年。

杨贵通过深入调研发现"缺水是林县贫困的主要矛盾"。就任县委书记后，杨贵在短时间里就跑遍了整个林县。此时的林县，全县 90 多万亩耕地，水浇地只有 1 万多亩，绝大多数耕地只能望天收，一遇大旱便大面积绝收。林县人有几句顺口溜：山上不打粮，锅里没有饭。水比油还贵，地旱人也旱。

在林县，杨贵还听说了这样一件事情：新中国成立前，有个桑耳庄，300 多户人家，村民常年要到 8 里外的黄崖泉挑水喝。有一年除夕，老汉桑林茂为了过年吃顿饺子，一大早就出去挑水，可直到太阳落山了人都没回来，刚过门的儿媳着急，就去村头等。接到公公后，儿媳也是出于好意，想帮着公公担水，可不小心碰翻了水桶，把水洒了个净光。回来后，儿媳妇又羞又愧，当天晚上就上吊自杀了。

在这种情况下，"兴修水利"成为摆在杨贵面前的第一要务。1955 年，林县就在毛主席号召下修建了抗日渠、英雄渠和天桥渠等几条水渠以及 3 座中型水库，而林县境内也有几条河流。当时的杨贵和县里的领导认为，利用好这些水利设施并打一些旱井就能缓解林县缺水的现状。但是，1959 年发生了干旱，这使得流经林县的河流几乎断流，那些水利设施也形同虚设，旱井早就干涸，完全陷入了缺水的绝境。

1957 年 12 月，中共林县第二届党员代表大会上，杨贵代表县委、县政府作了《全党动手，全民动员，苦战五年，重新安排林县河山》的报告。这个报告恰如一个动员令，号召林县人自力更生、艰苦奋斗，以更大的热情投入"重新安排林县河山"中。1959 年大旱期间，他力排众议提出的这个引漳入林方案，突破传统围堰法，采用"边勘测、边设计、边施工"的三边工作法。1960 年 2 月 11 日，引漳入林工程正式开工。项目开工不久，杨贵提议，将"引漳入林工程"改名为"红旗渠"。

修渠之初，县委对施工难度估计不足，采取全线开工、全员上阵、一字摆开的办法，结果战线拉得太长，影响了工程进度和施工质量。面对困难，有些人不相信建渠能够成功，各种流言蜚语不一而足。是继续修渠还是半途而废？这是一个攸关红旗渠生死存亡的关键节点。杨贵抱定一个决心：在林县进行社会主义建设，就要首先做好"水"字这篇大文章，打一场彻底摆脱缺水、逃水荒、不能生存的翻身仗。要奋斗就会有牺牲！为了林县人民的根本利益，红旗渠决不能半途而废！杨贵和县委经过研究，根据实际情况，将全线开工改为逐段开工，采用集中力量打歼灭战、段段突击的方法，使得修渠工作逐渐科学化。①

红旗渠工程刚动工，有人公开表示反对，认为林县搞这么一个大工程不现实，将其比喻为"隋炀帝凿运河"。因为这个时期的中国，正处于三年困难时期，河南又是人口大省，困难比全国其他很多地方都严重，省里、地区根本没有余力帮助林县。面对"该不该修"的质疑，杨贵提出"从实际出发搞水利，符合党的政策，创造性地搞建设"的治水理念，强调"等上级表态，单靠上级物质支持，不是共产党人应有的态度"。晚年的杨贵回忆道：在修建红旗渠的过程中，县委一班人是铁了心的。只要是大家认准的道儿，我们就手挽手、肩并肩走到底，有福同享，有难同当，坚持真理，修正错误，全心全意为人民服务，因而起到了县委所应起到的作用。

据统计，工程总投资 6868.64 万元，其中林县人民自筹 5839.66 万元。县委发动群众精打细算，一个钱要当好几个钱用，工地出现了很多"以土代洋，废物利用"的勤俭办水利现象。抬杠坏了改为洋镐把，洋镐把坏了改为锤把，锤把坏了改为镢寨，镢寨磨得不能用了，也要当柴烧石灰。群众还发明了空中运输线、土罐车、土吊车、土铁轨，创造了明窑烧石灰、自制炸药、大炮爆破等施工方法。②

1966 年干渠建成通水，1969 年 7 月全部工程完工。

红旗渠工程修了近 10 年，这期间林县人民自力更生、艰苦奋斗，削平了 1250 座山头，架设 157 座渡槽，打通 211 个隧道，修建了这条长达 1500 公里的"人工天河"，54 万亩耕地得到灌溉，56 万人口及牲

---

① 郑林华：《红旗渠总设计师杨贵》，《学习时报》2023 年 1 月 6 日第 A2 版。
② 郑林华：《红旗渠总设计师杨贵》，《学习时报》2023 年 1 月 6 日第 A2 版。

畜的饮水困难得到解决，粮食亩产提高到 460 公斤。

红旗渠的建成震惊了全国，竣工消息传到北京后，中央新闻电影厂专程赶到林县拍摄了一部展现红旗渠精神的纪录片。1974 年，邓小平在出席联合国大会时播放了 10 部展示新中国建设成就的电影纪录片，第一部就是这个《红旗渠》。但凡去过红旗渠的人，都会为之感到不易，感到人定胜天。

2018 年 4 月 10 日，杨贵因病去世。去世前，杨贵说自己最大的遗憾，就是不能再回红旗渠看一看，不能再给因修渠身亡的民工扫墓。

点评：

修建红旗渠孕育了"自力更生、艰苦创业、团结协作、无私奉献"的红旗渠精神。杨贵正是红旗渠精神的集中代表。一条红旗渠，是杨贵们一辈子的精神家园。杨贵和红旗渠的故事告诉我们：要干好一件事，应该无私无畏，忍辱负重，在任何情况下，都要以人民的利益为重，实事求是，坚持真理，盯住目标，锲而不舍，如果碰到风险遇到艰难就退缩，再好的事情也办不成。

15. "久久为功"的典范

山西右玉县，地处毛乌素沙漠边缘，属高寒冷凉干旱区，曾是一个风沙肆虐、土地沙化率高达76.2%的"不毛之地"。新中国成立初期，这里林木绿化率不足0.3%，百姓生活困苦，甚至流传着"养活一棵树比养活一个娃还难"的无奈。然而，70多年来，右玉县委一任接着一任干，以"一张蓝图绘到底"的决心，将荒漠变成了"塞上绿洲"，创造了世界瞩目的生态奇迹。

"一年一场风，从春刮到冬，白天点油灯，黑夜土堵门，风起黄沙飞，十年九不收。"1949年，首任县委书记张荣怀上任后，进行了近4个月的全县徒步考察，走访了300多个村庄，最终提出"右玉要想富，就得风沙住；要想风沙住，就得多种树"的科学论断。他带领全县干部群众在苍头河畔种下第一棵杨树苗，并培育大片林2.4万亩、零星树5万株，率先跑出了绿色接力第一棒，为右玉种下了"生存的希望"。这一行动不仅打破了"右玉不适宜人类居住"的断言，更奠定了右玉精神的根基——"初心不改，以民为本"。

黄沙洼，顾名思义就是沙丘，曾是右玉县城周边最大的风蚀地带，长达20公里。流动沙丘对县城形成了包抄之势，直接威胁到县城及区内村庄的安危。1956年，右玉县组织干部群众向黄沙洼"宣战"。第一年种下的9万多棵树苗，被一场持续9天9夜的狂风连根拔起。但右玉人并未放弃，他们总结经验，采用林草结合、乔灌混植、立体种植等方法，用河泥固沙、选择耐旱树种，屡战屡败，屡败屡战，历经数年补种，最终将黄沙洼变为绿波粼粼的"绿树岗"。① 村民王明花从 9 岁参与治沙，坚持数十年，见证了沙丘变绿洲的华丽巨变。这一事例体现了右玉人"苦干实干，永不言败"的韧性。

面对半沙化土壤的治理难题，第 11 任县委书记马禄元创新提出"穿靴（筑坝固沙）、戴帽（山顶植树）、贴封条（沟底防风）、扎腰带（中间固沙带）"的治理模式，有效减缓了沙丘移动速度，使树木存活率大幅提升。这一科学方法不仅解决了技术瓶颈，更成为全国治沙的典范，彰显了右玉人"尊重规律，因地制宜"的智慧。

2022 年 3 月，马占文担任右玉县委书记，他上任后的第一件事，就是延续治沙传统，持续推动右玉从"绿起来"到"富起来"的转型。他提出"转化、拓展、提升、共享"4 篇绿色文章，发展沙棘产业（年产值超 3 亿元）、森林旅游（年接待游客超 500 万人次）等绿色经济，让百姓共享生态红利。例如，村民李云生承包荒山植树 300 万棵，转型生态养殖与旅游开发，年收入达 20 万元。② 这一实践诠释了右玉人"生态优先，绿色发展"的远见。

70 多年来，右玉历经 21 任县委书记，但每一任都将治沙作为"头等大事"。从张荣怀到马占文，历任领导坚持"不毛之地"变"塞上绿洲"的目标，从未因环境改善而松懈。这种"功成不必在我，功成必定有我"的担当，为基层治理提供了范本。

右玉治沙是全民行动的缩影。据统计，全县义务植树累计达 2 亿多人次，90％以上的沙化土地得到治理。从干部带头到群众自发参与，从专业队到民营大户，右玉形成了"人人都是护林员"的社会氛围。这种

---

① 赵宁、武雅丽：《山西右玉：他们的治沙故事》，《中国气象报》2025 年 2 月 11 日第 2 版。
② 韩荣、辛泰：《山西右玉：生态接力"扮靓"山川》，《科技日报》2024 年 12 月 18 日第 8 版。

"众志成城，共克时艰"的凝聚力，是生态治理成功的关键。

右玉70多年的治沙实践，是中国共产党领导生态文明建设的生动注脚。右玉统筹山水林田湖草沙一体化治理，实现生态系统的整体性修复，同时突破了"为种树而种树"的局限，从"种草种树，发展畜牧，促进农副，尽快致富"到探索出"防沙治沙—生态修复—产业升级"的闭环模式。沙棘产业、生态旅游、康养基地等绿色经济，不仅保护了生态环境，更带动了百姓增收。2022年，右玉旅游收入达30.5亿元，将生态治理与民生改善结合，让百姓成为生态红利的直接受益者，印证了"绿水青山就是金山银山"的真理。[①]

习近平总书记曾赞誉右玉精神是"久久为功"的典范。2024年，右玉因"70多年治沙造林与生态修复的生动实践"荣获"新可持续城市与人居环境奖"，这不仅是对右玉的肯定，更为全球荒漠化治理提供了中国方案。

右玉的绿色传奇，是"一张蓝图绘到底"的政治定力、全民参与的集体力量与科学治理的智慧结晶。它证明：生态治理非一日之功，需代代相传的坚守；绿色发展非空中楼阁，需因地制宜的探索。在碳达峰碳中和目标下，右玉经验为全球生态治理贡献了可复制的"中国智慧"，也为乡村振兴与共同富裕提供了生态优先的实践样本。

点评：

"梦虽遥，追则能达；愿虽艰，持则可圆。"从"哪里能栽哪里栽"到"适地适树合理栽"，再到如今的"山上治本立体化、身边增绿园林

---

① 乔栋：《让塞上绿洲更秀美》，《人民日报》2022年12月30日第1版。

化、生态致富产业化”。70 载植树治沙，70 载接续耕耘，一代又一代右玉县委干部始终胸怀“幸福必须奋斗、奋斗必须苦干”、为了幸福生活苦干实干的坚定信念，用“利在长远”超脱境界的耐力长跑、“久久为功”不屈精神的矢志坚守，创造了人间奇迹。一茬接着一茬种、一代接着一代干，右玉县委与全县干部群众排除万难种树防沙的历程，正是中国共产党带领全国各族人民为实现中华民族伟大复兴的中国梦而久久为功的生动缩影。

*16.*边区工人的一面旗帜

　　抗日战争时期，陕甘宁边区大生产运动中涌现出一位家喻户晓的劳动英雄——赵占魁。他恪尽职守、任劳任怨、大公无私的劳动态度，受到党中央和毛泽东的高度评价。毛泽东称他为中国式的"斯达汉诺夫"（苏联煤矿工人、劳动英雄），并为他题词"钢铁英雄"。从陕甘宁边区开始，各抗日根据地陆续广泛开展了轰轰烈烈的"赵占魁运动"。这一运动支援了抗日战争，为抗日根据地的建设作出了重要贡献。

　　赵占魁，1896 年出生于山西定襄一个农民家庭。自幼家贫的他，12 岁给人当雇工、做苦力，17 岁学铁匠，先后在太原铜圆厂当学徒、同蒲铁路介休车站修理厂当火炉工。

　　1938 年，日寇横行山西，侵华日军占领介休，赵占魁流亡至西安。听说延安是工人出头的地方，他就报名来到泾阳县安吴堡创办的西北青救会训练班职工大队学习。同年 12 月，赵占魁加入中国共产党，并在次年 5 月随职工大队来到延安，在抗大二大队学习。

　　经过在抗大的学习，赵占魁认识到：自己的命运与共产党、与革命，是血肉相连分不开的，边区公营工厂是为抗战而生产的，工厂本身就是革命的财产，作为工人应当尽力爱护它。

　　1939 年，陕甘宁边区开展大生产运动，抗大缺少工具，赵占魁提出开炉灶自己打。他召集几个工人，垒起 3 个炉子，仅用半个月时间，就打出 200 把镢头和 300 把锄头。随后，边区政府为发展生产，创办了农具工厂。赵占魁来到农具工厂，在翻砂股当化铁工人。化铁是一项既艰苦又重要的工作，特别是在夏天，因为缺少专业的石棉工作服，赵占魁就身穿厚厚的棉衣代替。站在上千摄氏度的熔炉旁，他每天工作 12 个小时以上，却从没有叫过一声苦。

不能上前线是赵占魁的遗憾，可他总是用自己的办法为前线战士出力。1943 年 5 月，在一次操作熔炉时，坩埚突然坏了，上千摄氏度的铜水一下倒在地上，溅在了赵占魁的右脚上，他的脚面立刻烧得焦黑一片。之后，中共中央职工运动委员会和延安各单位的同志到中央医院看望他，让他安心治病，可是他没等脚伤痊愈，就回到了工作岗位，还把各单位送的慰问金全部捐给了前线战士，并把自己积存的 5000 元和两双鞋子、两条毛巾、十块肥皂，全捐献出来。在赵占魁的带动下，工厂的劳军捐献多达 16 万元。"前方有许多同志在流血，比我痛苦得多呢，我不算啥！"①

为了改进技术，提高产品质量，赵占魁潜心钻研，解决难题。刚开始炼铁，1 斤焦炭只能化 1 斤铁，经过他反复试验，可以化到 2 斤半，成品的损耗率由过去的 60% 减少到 25%。工厂化铜的罐子，是用坩土自制的，最初一个罐子只能化 2 到 3 次铜，经过赵占魁的几次改进，可以化到 6 次，使用率提高了一倍以上。

赵占魁从来不计较个人的待遇与得失，他这种埋头苦干、大公无私、自我牺牲的精神，大大鼓舞了边区工人的劳动热情，有力地推动了整个边区工业建设向前发展。

1942 年 9 月 11 日，《解放日报》发表《向模范工人赵占魁学习》的社论。10 月 12 日，陕甘宁边区总工会发出通知号召全边区工人学习赵占魁勤苦劳作、始终如一的精神，开展以建立新的劳动态度、提高生

---

① 《边区工人的旗帜赵占魁》，《解放日报》1944 年 3 月 26 日第 4 版。

产效率为内容的"赵占魁运动"。《解放日报》等报刊曾多次介绍他的事迹，文艺工作者把他的事迹编成歌曲、快板、戏剧等到处演出，赵占魁成为当时陕甘宁边区家喻户晓的人物。很快，"赵占魁运动"在陕甘宁边区公营工厂中普遍开展起来，运动推广到其他解放区，各地区都树立了自己的"赵占魁"。

1943 年和 1944 年，陕甘宁边区两次召开劳动英雄、劳动模范工作者表彰大会，赵占魁被评为边区劳动英雄和特等劳动模范，受到了毛泽东、周恩来、朱德的接见。朱德称赞他是用革命者态度对待工作的"新式劳动者"。

1944 年 5 月，边区工厂职工代表大会发表《宣言》，提出要发扬与坚持"赵占魁运动"。在此之后，"赵占魁运动"得到了更加广泛的开展。

解放战争时期，赵占魁随西北野战军征战。在极端困难条件下，他组织职工家属生产地雷。1948 年夏，他参加了在哈尔滨召开的第六次全国劳动大会。1949 年 9 月，赵占魁作为全国总工会代表，出席了中国人民政治协商会议第一届全体会议。

1950 年，赵占魁被授予"全国劳动模范"称号，随之先后担任西北军政委员会劳动部副部长、西北总工会副主席、陕西省总工会副主席，是第一、二届全国人民代表大会代表。他在工作岗位上，始终保持着延安时期工人阶级的优秀品质，保持着劳动人民的本色，为社会主义事业尽心竭力、默默奉献。

点评：

赵占魁身上体现了一种新的劳动态度，那就是能够认识自己的主人翁地位，把自己锻炼成为一个劳动英雄、技术能手、节约模范，锻炼成为一个团结和学习的标兵。在赵占魁身上，还有自觉爱护工厂、团结工人、努力生产、提高技术、一切为着革命利益不计较个人得失的宝贵品质。这些，都是值得我们新一代劳动者特别是年轻人学习的品质。走在以中国式现代化全面推进中华民族伟大复兴的康庄大道上，赵占魁"始终如一、积极负责、老老实实、埋头苦干、大公无私、自我牺牲"的劳动态度没有过时，仍是我们的宝贵精神财富。无论何时，英雄是民族最闪亮的坐标，英雄的事迹是我们前进的强大动力，激励着一代又一代的中华儿女团结奋斗！

17. "高炉卫士"

孟泰，原名孟瑞祥，曾用名孟宪钢。1898 年 8 月 17 日出生于河北丰润县山王寨村的一个贫苦农民家庭。1926 年进入日本人经营的昭和制铁所当配管学徒工。孟泰迫于生计在那里苦熬岁月，直至鞍山解放。

1948 年 2 月鞍山解放。4 月 4 日，鞍山钢铁厂成立。解放军送来的粮食使饥寒交迫中的孟泰全家饱餐了多年来的第一顿高粱米干饭。8 月，为避免战争破坏，钢铁厂组织一批政治可靠、有技术专长的工人向后方根据地抢运器材。当时长期受日伪、国民党统治的鞍山老百姓中有些人对共产党能不能坐稳天下表示疑惑。孟泰义无反顾地当着工友和家人表示："跟着共产党走，棒打不回头！"① 他积极参加抢运重要器材，全家随一批解放军干部辗转到达通化。在通化，孟泰在抢修 2 座小型高炉中立功受到表彰。

1948 年 11 月 2 日，东北全境解放。孟泰奉调回鞍钢后看到百孔千疮的高炉群，他心如刀绞，不顾刮风下雪，跑遍了十里厂区，并动员了炼铁厂修理场的十几名伙伴，没日没夜地干。几个月内，就把日伪时期遗留下来的几个废铁堆翻了个遍，回收各种管件 4000 多件，并用玻璃粉除垢，然后修复成能用的管件，建成了当时著名的"孟泰仓库"。孟泰艰苦创业的精神受到中共鞍山市委和鞍钢公司高度重视。

---

① 王越：《新中国第一代全国劳动模范——"老英雄"孟泰》，《兰台世界》2021 年第 12 期。

1949年春，在修复炼铁厂2号高炉中，整座高炉的配管材料几乎全部是孟泰及伙伴们捡来的，共有300余件。7月初，鞍钢举行盛大开工典礼，中共鞍山市委、鞍山职工总会和鞍山钢铁公司表彰了护厂、抢运、献交器材中涌现的先进人物，孟泰等9人被授予一等功臣。8月1日，孟泰光荣加入中国共产党，成为鞍山解放后第一批发展的产业工人党员之一。8月15日，在鞍山市纪念"八一五"光复4周年暨鞍钢立功竞赛运动庆功大会上，孟泰又获得了特等功臣的光荣称号。9月7日，鞍钢炼铁厂1号高炉修复开始投产，所用配管材料亦为孟泰及伙伴们捡来的。孟泰的事迹被鞍山市《工人生活报》撰文报道。10月，孟泰转为正式党员并担任配管组组长兼工人技术员。先后为瓦斯贮藏器装上了防尘罩，为检修高炉的架工师傅设计并制作卷扬机。同年底，鞍钢第一次论贡献评工资，工人和厂领导一致评孟泰一等工资，但孟泰坚持自己只拿二等工资。

1950年朝鲜战争爆发，美帝国主义空袭鞍钢地区后，几次空袭警报响起，孟泰都是手拎大管钳，飞跑到高炉总水门旁准备随时用身体护卫，抱定与高炉共存亡的决心。1950年8月的一天，4号高炉炉皮烧穿，铁水与顺炉皮而下的冷水相遇产生爆炸，危急时刻的孟泰将生死置之度外，冲上炉台抢险，迅速用铁板将水流引离炉皮，并采取一系列处理措施，避免了一场炉毁人亡的事故。1950年初冬，高炉水门被堵，孟泰踹碎水道表面冰层，跳入其中，俯身抠除堵塞的杂物，使高炉循环水线恢复畅通。经历十几次抢险之后，铁厂工人敬佩地称呼孟泰为"老英雄"。孟泰几十年与高炉循环水打交道，创造了"眼睛要看到，耳朵要听到，手要摸到，水要掂到"的维护操作法。凡是高炉循环水出故障，他都能手到病除，同行送了他一个绰号"高炉神仙"。[①]1952 年 8 月 2 日，孟泰在鞍山市第四届劳动模范代表大会上被命名为特等劳动模范，"孟泰精神"从这时起已成为鞍钢工人阶级的精神。

1959 年，铁厂因冷却水水量不足而影响高炉正常生产，孟泰经过反复思考提出将高炉循环水管路由并联式改为串联式方案，改造后铁厂高炉循环水节约总量达 1/3，全厂每年可节约费用 23 万元，保证了高炉的正常生产。孟泰的钻研精神与苦干精神同样有名，除自己完成 60 多次重大技术革新外，他还组织和带领了一大批技术专家与能工巧匠，开展了大规模的技术革新、技术协作和技术攻关活动，为改造和建设鞍钢发挥了重要作用。[②]

1964 年，孟泰开始担任鞍钢炼铁厂副厂长。他虽然已经 66 岁，却依然老当益壮，坚持不脱离劳动人民本色，不断为人民作出新贡献。他亲手建立了"孟泰储焦槽"，每年为国家节省成千上万吨焦炭；改进了热风炉底部双层燃烧筒，比原来的单层燃烧筒提高寿命近百倍；研制成功冷却箱串联技术，使高炉用水量节约 30%。孟泰牵头的多项技术革新和发明，为国家节约了大量能源资源。

1966 年，孟泰担任鞍钢工会副主席。"文化大革命"开始不久，孟泰多方奔走极力维护了鞍钢正常生产大局。1967 年 9 月，孟泰病逝于北京。数十年如一日爱厂如家，艰苦创业，在恢复和发展鞍钢生产中作出重大贡献，他的高贵品质和优良作风，给鞍钢职工树立了榜样，也为全国工人留下一笔宝贵的精神财富。

2021 年，由文化和旅游部"庆祝中国共产党成立 100 周年舞台艺

---

① 闫笑岩：《孟泰："高炉卫士"》，《党建》2021 年第 10 期。
② 《"高炉卫士"孟泰》，《人民日报》2011 年 5 月 28 日第 5 版。

术精品创作工程"重点扶持作品、鞍山市艺术剧院原创大型话剧《孟泰》顺利通过验收，再次将"高炉卫士"孟泰的形象立体呈现在百姓眼前。"高炉卫士"既是他一生勤恳敬业的真实写照，也是他留给世人最鲜明的形象。

点评：

习近平总书记指出，光荣属于劳动者，幸福属于劳动者。社会主义是干出来的，新时代是奋斗出来的。孟泰对党忠诚，对人民赤诚，被尊称为"高炉神仙""高炉卫士"，获得"100位新中国成立以来感动中国人物""最美奋斗者""全国劳动模范"等荣誉，其身上展现出来的"艰苦奋斗，爱厂如家，无私奉献，为国分忧"的"孟泰精神"依旧激励着新时代产业工人向着制造强国目标奋勇前进。

18. 拼命拿下大油田

"宁肯少活 20 年，拼命也要拿下大油田！"王进喜，1923 年 10 月出生于甘肃省玉门市，中国石油大庆油田原 1205 钻井队队长，是新中国第一代石油工人、第三届全国人大代表，还被授予"全国劳动模范"等荣誉称号。

1950 年初，王进喜正式进入玉门油矿当钻井队钻工，成了新中国第一代石油工人。1959 年，王进喜到北京参加全国群英会，休会期间，他在去参观首都十大建筑的路上发现公共汽车上都背着一个"大包袱"，询问路人得知"大包袱"里面装的是煤气。因为国家当时缺油，没有办法只能烧煤气。得知这样一种情况，王进喜心里特别难受，觉得这是自己作为石油工人、钻井队队长的耻辱。这次会上，他知道了松辽发现大油田的消息，这也意味着一场规模空前的石油大会战即将打响。①

1960 年 2 月，东北松辽石油大会战打响，全国各地展开大支援，4万人从天南海北前往参加会战。1930 年 3 月 15 日，王进喜也带领 37人的队伍从玉门出发，日夜兼程赶往大庆萨尔图参加会战。王进喜带领队伍抵达目的地之后，既不问吃、也不问住，而是连着提了 3 个跟工作紧密相关的问题："钻机到了没？井位在哪里？这里钻井的最高纪录是多少？"

到达指挥部之后，王进喜所带领的队伍被确定为 1205 钻井队，随

---

① 成靓：《王进喜："宁肯少活 20 年，拼命也要拿下大油田！"》，《党建》2021 年第 9 期。

后立刻搬到离萨55井不远的马家窑。钻机运到火车站，没有吊车、拖拉机等设备配合安装怎么办？是等设备，还是先开干？王进喜对大家说："有条件要上，没有条件创造条件也要上！没有吊车，我们37个人就是37部吊车！"经过齐心协力的奋斗，王进喜带领1205钻井队通过用绳子拉、撬杠撬、木块垫，一寸寸、一尺尺地把60吨重的钻机运到井场。经过3天3夜，40米高的井架第一次立了起来。紧接着就是准备打井，打井就需要有水。当时水管线没有安装好，要是等罐车送水的话还要花费3天时间，但在当时那样的情况下是不能空手干等的！有人提议："用脸盆端水！"有人反对："你们见过哪个国家端水打井的？"但王进喜听了之后理直气壮地说道："就是我们中国！我们就是尿尿也要打井！"正是这样，大家伙把冰泡子砸出个大窟窿。大桶、小桶、脸盆、水壶能用来装水和运水的工具都用上了。经过钻井队一天一夜的辛苦努力，已经运够了几十吨水，这样第一口井才得以提前开钻。

第一口井开钻后，王进喜几乎每天都盯在井场，房东大娘发现他连续几天半夜才回到家，天还没有亮的时候又离开，放心不下，做了饭领着孙女到井场去看望王进喜，希望他可以吃上一顿热乎乎的饭，可是找遍井场都没有看见人，遇到王进喜的徒弟许万明，房东大娘问他："人是铁饭是钢，就是铁人也得吃饭啊！你们王队长呢？"许万明把她领到队长那里，原来他在发电机旁边的一个泥浆槽子边睡着了，身下铺着羊草和一条很薄的被子，身上盖着一件老羊皮袄，头下枕着一个铁疙瘩。大娘好奇又心疼地问许万明："王队长头下枕着的东西是什么？"许万明说："那是个牙轮钻头。"大娘又问："这大冷的天儿，他就枕着这么个铁疙瘩也能睡着觉？"许万明说："王队长已经习惯了。"房东大娘听了这话不由自主感叹："活了这大半辈子，除了那些打鬼子打土匪把脑袋别在裤腰带上的人外，还从没见过这么拼命的人呢。你们王队长可真是个铁人啊！"这一称赞被工作组的同志知道后汇报给了领导，领导说："好，好，好！大娘叫得好！我们就用老百姓最形象生动的语言，就叫他王铁人！我们要发挥好活典型的作用，在全探区宣传'铁人'的事迹，向'铁人'学习！"不久后就召开了表彰大会，从此，王进喜就成了探区的榜样，他"铁人"的称号也开始传开。

在第一口井钻完拆卸井架的时候，突然倒下来的钻杆把王进喜的右腿砸伤了。但他坚决不肯休息，拄着拐杖在现场日夜不停地忙着指挥第二口井开工。有一天，钻机上那几十斤重的方瓦飞了出去，如果不及时压住井，随时有可能突发井喷，严重会导致井毁人亡，但当时用来压井的重晶石粉偏偏没有了，泥浆枪和搅拌机也没有，于是，王进喜果断决定让大家把水泥加进去，情况非常紧急，为了搅拌泥浆，他顾不上自己的腿伤，扔了拐杖，带头第一个跳进齐腰深的泥浆池，带伤搅拌，几名队员见状也纷纷跳进池子，跟着用身体搅拌着泥浆，大家齐心协力奋战3个多小时之后，终于压住了井喷，保住了油井和钻机。然而，王进喜因为腿伤未愈，加之泥浆对身体伤害大，他的手脚已经被强碱性泥浆烧出了血泡，使得他的伤势更加严重。

1970年4月，由于长期高强度、超负荷工作，王进喜被确诊为胃癌。他临终前交给组织一个纸包，装着他住院以来组织分发的补助款和一张记账单，他说："这笔钱，请把它花到最需要的地方去，我不困难。"同年11月15日，年仅47岁的王进喜不幸病逝。他用自己的汗水和生命践行了"宁肯少活20年，拼命也要拿下大油田！"的铮铮誓言。

点评：

党员领导干部，就是要信念过硬、政治过硬、责任过硬、能力过硬和作风过硬。这5个方面在铁人王进喜身上得到充分体现，他为党员领导干部作出了一个生动的示范。奋斗是最好的铭记，实干是最好的传承。党员领导干部要汲取铁人精神这一奋进力量，为全面建设社会主义现代化国家、全面推进中华民族伟大复兴而团结奋斗。

19. 排障能手

孔祥瑞，曾任天津港中煤华能煤码头有限公司一队队长、天津港（集团）有限公司科学技术协会副主席。一位仅有初中学历的普通码头工人，以"当代工人，只有有知识、有技能，才能有力量"为座右铭，坚持学习，坚持实践，坚持创新，凭借对技术的极致追求和对岗位的深沉热爱，从"门机司机"成长为"蓝领专家"，成为工匠精神的杰出代表。孔祥瑞 2005 年被授予"全国劳动模范"称号，2006 年获全国五一劳动奖章，2007 年当选为党的十七大代表。他的先进事迹被多家中央和地方主要新闻媒体报道。

孔祥瑞的成长轨迹，是"知识改变命运"的生动注脚。1972 年，他初中毕业后被分配到天津港，成为第一代大型门吊司机。面对进口设备的操作手册和复杂参数，他以"拼命三郎"的劲头，将设备说明书"一页页啃、一条条记"，甚至利用休息时间自学力学、机械原理、液压技术等学科知识。正是这种"把码头当课堂"的学习态度，让他迅速成为队里的技术骨干，练就了"听音断病"的绝活——仅凭设备运转的细微声响，就能准确判断故障原因。①

在技术创新的道路上，孔祥瑞始终秉持"没有解决不了的问题，只有不够钻研的决心"的信念。2001 年，天津港面临亿吨大港建设的关

---

① 《锚定无悔奋进的航向——记港口创新路上的"蓝领专家"孔祥瑞》，新华社天津 2019 年 11 月 25 日电。

键任务，18 台门机的作业量需增长 30%。面对这一难题，他连续多日在设备旁观察、记录，最终发现门机抓斗起升时的 16 秒停滞时间，并主导改造主令控制器手柄轨迹，将操作效率提升 15.8 秒 / 次。这一被称为"孔祥瑞操作法"的创新，使全年装卸量突破 2717 万吨，直接创效 1600 万元，同时被授予"天津市职工十大先进操作法"之一，在同行业推广。孔祥瑞常说，产业工人，干事创业要能顶得上去，琢磨技术、学习知识要能坐得下来。正是凭着这股子精气神，他先后组织实施了 180 余项技术创新，获得了 16 项国家专利，为企业直接创造经济效益超亿元。[①]

孔祥瑞的钻研精神不仅体现在技术创新上，更融入日常工作的每一个细节。他随身携带工作日志，记录设备故障、维修过程及注意事项，日积月累形成宝贵的技术档案。一次，某台门机轴承突发异响，他冒着上百万元损失的风险果断拆卸检修，最终发现滚珠已散落，避免了重大事故。这种"小题大做"的严谨态度，正是工匠精神的真实写照。

孔祥瑞的成就，源于对技术瓶颈的永不满足。2006 年，天津港引入全球最先进的煤炭连续作业生产线。面对无先例可循的挑战，他主动请缨编写全国港口首部《系统设备故障维修技术指南》，将 442 项日常维护经验系统化，成为一线工人的"技术宝典"。2009 年，他主导"煤炭破碎筛分"业务，通过设备改造实现收入 6500 万元、利润 4000 万元，推动港口业务向高附加值领域转型。

在智慧港口建设浪潮中，孔祥瑞始终站在技术前沿。退休后，他持续关注流体装卸安全规范、零碳码头技术等新课题，坚持"持续学习、

---

① 靳博:《天津港煤码头公司一队原队长孔祥瑞——从码头工人到"蓝领专家"》,《人民日报》2023 年 3 月 23 日第 6 版。

与时俱进",推动传统装卸作业向智能化转型。孔祥瑞提出"持续学习、苦练内功"的倡议,呼吁产业工人技能与技术发展同步升级。这种"活到老、学到老"的精神,正是新时代工匠精神的延伸。

孔祥瑞对质量的追求近乎苛刻。2004年"迎峰度夏"电煤抢运期间,他连续数月吃住在单位,带领团队优化设备运行效率,最终圆满完成保供任务。他常说:"劳动者永远年轻,要在平凡岗位上创造不平凡的业绩。"正是这种对卓越的执着,让他从一名普通工人成长为全国劳动模范、全国优秀共产党员、"最美奋斗者"。

孔祥瑞深知,个人的力量终有尽头,团队的力量方能成就未来。他牵头成立"孔祥瑞劳模创新工作室",带领团队开展百余项技术创新,培养出段凯等一批技术能手。退休后,他受聘为全国职业技能大赛评委,连续7年培训上百名选手,手把手传授操作规范与安全理念。

在人才培养中,孔祥瑞注重"授人以渔"。他常递给徒弟一把伤痕累累的扳手,告诫道:"这把扳手见证传统码头向智慧港口的转型,更承载着产业工人的责任。"他主张"知识改变命运,劳动创造光荣",鼓励年轻人扎根一线、勇于创新。在他的影响下,天津港"孔祥瑞杯"职业技能大赛已连续举办18届,成为弘扬工匠精神的重要平台。

点评:

孔祥瑞以"干一行、爱一行、钻一行"的执着,诠释刻苦钻研的工匠精神;以"创新无止境"的追求,彰显精益求精的卓越品质;以"传帮带"的担当,践行作风建设的时代要求。他的一生,践行了"劳动最光荣、技能最崇高、创造最伟大"的时代强音,是不断突破自我、攻坚克难、传承创新的奋斗史,更是新时代产业工人作风建设的生动范本。

在全面建设社会主义现代化国家的新征程中，需要更多像他一样的"大国工匠"，以刻苦钻研的韧劲、精益求精的执着、甘于奉献的胸怀，书写新时代的劳动者之歌。正如他所言："劳动者永远年轻，只要心中有光，脚下就有力量。"

*20.*为什么不多做一点呢?

1958 年 12 月，郭明义出生在鞍钢矿业公司齐大山铁矿一个劳模矿工的家里。1977 年，当年送雷锋参军入伍的老红军余新元，又把郭明义送上了参军的列车。1980 年，郭明义加入中国共产党。1981 年，被所在师党委授予"全师学雷锋标兵"荣誉称号。1982 年，他复员到鞍钢矿业公司齐大山铁矿工作至今，一直在产业一线。

2012 年 3 月，中央文明委授予他"当代雷锋"荣誉称号。之后，他当选为党的十八届、十九届中央委员会候补委员，3 次当选中华全国总工会兼职副主席，同时获得"改革先锋""最美奋斗者"等荣誉称号。幸福是什么? 每个人的答案不尽相同。郭明义回答说:"为社会多做一些力所能及的事，觉得自己被群众所信任、被社会所需要，我就会感到很充实、很快乐、很幸福。""我选择像雷锋那样，做一个有益于人民的人，就是自己最大的幸福。"

郭明义以实际行动，诠释了他对幸福的感悟与理解。入党 40 多年来，他始终以雷锋为学习榜样，每时每处都在发挥共产党员的先锋模范作用，影响和感动了无数人。"他敬业奉献，勇挑重担，在平凡的岗位上，创造了难以估量的物质财富和精神财富;他助人为乐、善小而为，累计捐款 50 多万元，资助了 300 多名贫困学生，给 500 多个困难家庭送去了温暖、关怀和希望，而他自己却甘于清贫，始终过着简单朴素的生活;他无私奉献、追求纯粹，累计无偿献血、捐献血小板折合的总量,已经超过 6 万毫升,相当于他自身全部血量的 10 倍。"[1]

他是甘当矿石的"铁山楷模"。郭明义复员到鞍钢工作以后,热爱学习、主动学习,先后考取了大专、本科文凭,多年苦学英语,相继在 7 个不同岗位上工作。他专注于每一份工作,干一行爱一行、钻一行精一行。无论在哪个岗位上,他都创造一流业绩。他做大型矿用生产汽车的司机时,刷新了全矿单车年产纪录;他任车间团支部书记时,所在支部是红旗团支部;他当宣传干事时,撰写的党课教案在矿业公司评比中荣获一等奖;他任车间统计员时,参加统计员资格全国统考,成为矿业公司中首个获得资质证书的人;他做英文翻译时,以出色的人格魅力和翻译能力,赢得了外方专家的广泛赞誉;他在采场公路管理员岗位上,更是爱岗敬业、超常奉献的先进楷模。成为一名机关干部,他没必要每天到采场,可却选择把办公地点移到露天采场。他在采场公路建设、维修等方面精益求精,新工艺、新技术、新标准填补了鞍钢在公路建设上的多项技术空白。他刻苦钻研,提出新的路料配比方案,大大降低修路成本,为企业创造超过 5 亿元的经济效益。

他是助人为乐的"道德模范"。郭明义曾说:"一个共产党员,要为党、为国家、为人民事业奉献自己的一切,这是天经地义的,不需要任何理由!"他如此说的,更是这样做的。他一贯把助人为乐当作是一件天经地义之事,只要他人有所求,就竭力送去所需,从未考虑过退缩和放弃。"群众遇到困难能想到我,向我求助,是对我的信任,更是对党的信任,我必须认真对待,全力解决。"无论是谁遇到困难,只要郭明义知道了,他就会毫不犹豫地伸手相助。只要是群众的事,无论是大是小,他都要想尽办法去解决。例如,有群众反映家中的暖气不热、房屋

---

[1] 刁莹:《永葆本色的"当代雷锋"郭明义》,《学习时报》2025 年 2 月 28 日第 A5 版。

漏水，他会立刻联系相关部门到现场办公，及时解决处理；有农民工被拖欠工资，他马上就会向有关部门反映，尽快协调解决；有工友家里生活困难，他会无私地将自己的工作服和劳保鞋相赠予，会为生活拮据或患病的工友慷慨解囊。人们都亲切地叫他"老郭"，郭明义也很喜欢大家这样称呼他。

他是追求纯粹的"当代雷锋"。在学雷锋的道路上，郭明义一直未停歇。他热心公益、执着奉献，从参与救助流浪儿童到报名捐献遗体（器官），从无偿献血到捐献造血干细胞，参与社会中众多公益领域。2009 年 7 月，在鞍钢各级组织的全力支持和帮助下，发起成立了郭明义爱心团队。目前，郭明义爱心团队已遍及国内 31 个省区市，团队总数高达 1400 多支，志愿者总数更是超过 240 万人。"跟着郭明义学雷锋"已成为家喻户晓、值得信赖的爱心品牌。时至今日，郭明义清楚地记得，习近平总书记在给"郭明义爱心团队"的回信中写道："雷锋精神，人人可学；奉献爱心，处处可为。积小善为大善，善莫大焉。当有人需要帮助时，大家搭把手、出份力，社会将变得更加美好。"① 郭明义认为："雷锋精神是中国共产党精神谱系中的一朵永远盛开的鲜花，雷锋精神的实质和要义就是全心全意为人民服务，雷锋精神永不过时，学雷锋就是从一件一件的好事做起，把人民至上落到实处！"② 他说，自己将始终牢记习近平总书记的殷殷嘱托，做一颗永不生锈的螺丝钉。

作为感动中国 2010 年度人物，主办方为"雷锋传人"郭明义送上的颁奖辞是：他总看别人，还需要什么；他总问自己，还能多做些什么。他舍出的每一枚硬币，每一滴血都滚烫火热。他越平凡，越发不

---

① 《习近平总书记给"郭明义爱心团队"的回信》，《人民日报》2014 年 3 月 5 日第 1 版。

② 陶克：《"当代雷锋"、中国志愿者联合会副会长郭明义——在伟大复兴新征程中大力弘扬雷锋精神》，《雷锋》2022 年第 11 期。

凡，越简单，越彰显简单的伟大。我们要大力宣传和弘扬郭明义同志的先进事迹和崇高品德，努力争创先进、争当优秀。

点评：

郭明义的先进事迹和崇高品德，不仅有力彰显了党的宗旨意识，而且鲜活体现了党倡导的榜样力量。作为一名优秀的共产党员，他内心始终牢记党章要求，坚持全心全意为人民服务，不惜牺牲个人的一切；坚持吃苦在前、享受在后，克己奉公、多作贡献。凡是看到有益于国家、社会以及他人的事情，他总会首先想到自己是一名党员，"为什么不多做一点呢？"这是一种具有崇高党性和优良作风的生动体现，展示出新时代中国共产党人的党性风采。广大党员、干部要学习他时刻以党员标准严格要求自己，培育良好的思想作风和工作作风，真正做"一个有益于人民的人"。

21.东方女焊神

一身灰白工装埋头钻研焊接技术 30 多年，从一名学徒逐渐成长为中国中车公司首批技能专家，曾获得"全国劳动模范""全国技术能手""全国五一劳动奖章"等 30 多项荣誉称号，外国专家眼中赫赫有名的"东方女焊神"，被评为 2023 年"大国工匠年度人物"，她就是十三届、十四届全国人大代表孙景南。

1990 年，19 岁的孙景南职高毕业后，在中车南京浦镇车辆有限公司实习，她主动选择进入全场最苦最累的钢结构车间，从事焊接工作。从平焊、横焊到立焊、仰焊，她样样苦练，为了学好焊接技术，不仅跟着师傅学，跟同行学，还买回焊接方面的书籍进行自学。别人都下班回家了，她还一个人留在车间……焊接车间里高温炙烤、强光刺眼、噪音震耳，艰苦的条件并未让她退缩和抱怨。

张家美师傅对孙景南热爱学习的劲头记忆深刻。"刚进厂那年，孙景南学习的劲头让我记忆犹新，每道焊接工序，她都一丝不苟，稍有点不清楚都要刨根问底。每天下班后，她一个人留下来，自己默默练习。我带过很多徒弟，从没见过跟她一样的，就像着了魔。"浦镇公司车体分厂工区长望伟对孙景南的勤奋劲儿也记忆深刻。"孙景南练习焊接几乎到了废寝忘食的地步，上班跟着师傅学，下班后便拿起边角料继续练。为了练稳定、练臂力，一蹲就是几个小时，头晕目眩、腿脚发麻都是她的'家常便饭'。"

到了 2000 年，孙景南在焊接领域工作已经有 10 年，凭借着 10 年来积攒的过硬技术，她被公司选派到法国阿尔斯通公司，参加城轨铝模块焊接的培训。其间一次作业时，要焊接铝合金侧墙，间隙只有 2 到 3 毫米，法国工人担心焊穿，这时她第一个站了出来，不仅顺利完成焊接，还拿到了满分，最终赢得了外方专家的认可，"东方女焊神"的称号也就由此而来。这次培训，不仅让孙景南掌握了先进的焊接技术，获得了国际焊接技师证书，还成了焊接专家。她的出色表现赢得了外国专家的尊重和赞誉，从那以后"女焊神"这个称号就在业内开始广为流传。

"电焊工作耗时耗力，但我始终相信，只要肯下功夫、善于钻研，人人都能练就'金刚钻'。当好电焊工，是我发自内心热爱的事业。"[1] 孙景南的工位上总放着一摞技术手册和英文资料。原来，为了掌握国际先进焊接工艺，她自学英语，甚至将专业术语抄在纸条上，边操作设备边背诵。2010 年，某跨国项目要求采用双相不锈钢焊接技术，国内尚无成熟经验。她带领团队通宵研读文献，最终攻克了焊缝易裂纹的难题。

"勇挑最重担子、敢啃最难啃的骨头"[2]。从普通技工到国际标准制定者，这位扎根一线 30 多年的共产党员，用焊枪书写了中国制造的传奇，这种扎根基层、扎根一线、扎根实践的艰苦奋斗的劲头，诠释了新时代产业工人的精神高度。

2024 年 3 月 5 日，习近平总书记参加十四届全国人大二次会议江苏代表团审议时，对孙景南工匠精神充分肯定和赞许，他强调："大国工匠是我们中华民族大厦的基石、栋梁。""没有金刚钻，揽不了瓷器活。"孙景南用行动证明，新时代的劳模精神，既要有"铁杵磨成针"

---

① 王萍、宁人宣：《孙景南肩上的担子比手中的焊枪更重》，《中国人大》2024 年第 8 期。
② 《习近平在上海考察时强调 深入学习贯彻党的十九届四中全会精神 提高社会主义现代化国际大都市治理能力和水平》，《人民日报》2019 年 11 月 4 日第 1 版。

的坚韧，更需"敢为天下先"的担当。孙景南熟练掌握了不同焊接方法的关键技术，解决了许多工作中遇到的复杂技术难题。她还疯狂"啃书"补充理论知识，经过长时间勤学苦练，孙景南取得 MAG 焊（富氩混合气体保护焊）、MIG 焊（熔化极惰性气体保护焊）、TIG 焊（钨极气体保护焊）等各种欧标焊接资质证书 18 个，并获得了国际焊接技师证书，成为焊接方面的工匠型专家。

2008 年，公司开展地铁车型全焊接线建设，为了测试，孙景南焊了 200 多种板材，厚度从 2 毫米到 30 毫米不等，建起了焊接数据库。2017 年，"复兴号"动车组研制进入关键期，转向架焊接合格率始终徘徊在 85%。孙景南带领团队解剖 200 多个失败案例，通过 3000 多次试验，将合格率提升至 99.9%。传统铁路客车、地铁列车、高速动车组……30 多年间，孙景南手执焊枪一次次超越自我，专注为我国轨道交通强健"骨骼"，与同事一起完成多项轨道交通装备焊接工艺创新和技术攻关，将自己的职业理想与国家加快建设交通强国的奋斗目标紧紧地"焊"在了一起。

作为钢与火的"对话者"，在她的工作室，陈列多本泛黄的笔记本，密密麻麻记录的焊接参数，这些用几十年积累的"焊接秘籍"，见证着她对毫厘精度的执着。孙景南用精益求精的态度和行动证明，中国工匠有能力在高端制造领域挺起脊梁。

孙景南认为，工匠精神，需要代代传承。她受到首位师傅的深厚影响，在传授徒弟时也毫不藏私。如今的她，把更多的精力放在"传帮带"上，让一批批技术工人成长为知识型、技能型、创新型的高技能人才，培养更多能工巧匠、大国工匠。2011 年，公司组建了"孙景南技能专家工作室"，为公司生产一线的焊接工人提供技能提升和发展空间。10 多年来，她累计完成培训 1639 课时，培训青年员工 66 批次，受益学员超过 2000 人，带领团队完成技术攻关 201 项、成果转化 44 项。不仅如此，她还先后参与了中国职工技术协会牵头组织编著的"技能小窍门"系列丛书评审工作，在省部级刊物上发表论文 10 多篇，并参与编写多部焊接培训教材，其中《焊接结构生产》成为人力资源和社会保障部职业能力培养指定教材。孙景南亲手带的 25 名徒弟中，12 人取得技师职业资格，4 人取得高级技师职业资格，3 人在国际焊接技能大赛中获得第一名。

点评：

孙景南用焊枪勾勒出一名共产党员的奋斗轨迹。她艰苦朴素、精益求精、坚持学习、甘于奉献；用焊花点亮自己的职业梦想、用刻苦钻研攀登技术巅峰；甘愿做薪火相传的"播种者"，为国家培养更多的高新技术人才。我们党员、干部要汲取榜样的力量，把学习作为一种政治责任、一种精神追求、一种生活方式，不断提高自身的政治素质、业务能力和综合素质，更好地为党和人民的事业贡献力量。

22. 振超效率

许振超是山东港口青岛港青岛前湾集装箱码头有限责任公司工程技术部固机高级经理。他从一名普通码头工人成长为"学习型、知识型、创新型"的当代产业工人杰出代表，干一行、爱一行、精一行，每一步都走得坚实而有力，精益求精地做好本职工作，成为当代产业工人的杰出代表。他带领的团队创造出享誉全球的"振超效率"，先后9次刷新集装箱装卸世界纪录。他带领团队开展科技攻关，首次实施集装箱轮胎吊"油改电"技术改造，大幅节约生产成本。2018年12月，他被授予"改革先锋"荣誉称号；2019年，新中国成立70周年之际，他获得"最美奋斗者"称号。①

许振超出生于山东荣成一个工人家庭，1974年，24岁的他进入青岛港，如愿成了一名工人。当时的码头虽然已经开始机械化探索，但仍主要依靠人拉肩扛。1984年，青岛港初建专业集装箱码头公司。许振超被选为青岛港第一批集装箱桥吊司机。从初涉集装箱桥吊操作的普通工人成长为行业领头人，他用自己的实际行动诠释了什么叫"干一行、爱一行、精一行"。

当时，进口桥吊的关键技术掌握在外国厂家手中，有设备而无技术，处处受制于人。一旦设备出现了故障，只能高薪聘请外国人来修

---

① 《许振超：精益求精做好本职工作，成为无愧于时代的劳动者》，新华社青岛2024年9月20日电。

理。许振超回忆说，有一次，正在执行装卸任务，就在大家劲头十足的时候，码头上唯一的这台桥吊出现故障停机了。因为当时桥吊的核心技术掌握在国外厂家手里，设备坏了只得高薪聘请外方专家来修理，虽然他们都知道答案在桥吊控制板上，但是当时就是没有人能看懂，更不用说拆开维修了。为了能研究明白桥吊控制板，许振超每天下班都会带上备用的控制板，回家后对着台灯仔细观察，一笔一笔绘制电路图，一点点拆解吃透。许振超只有初中文化，也没有学过英文，可桥吊的系统语言都是英文，其中面临的困难是不言而喻的。可他并没有被这些困难所吓退，一边从单词学起，一边认真研究电路图，反复琢磨、研究。许振超前前后后用4年时间一共"研究"了12块控制板，完成了整整两大摞完整详尽的电路图。凭着这股劲儿，他逐步掌握了各类桥吊技术参数和设备性能，不仅能排除一般的机械故障，还能修复精密部件。别人不会的，他会；别人修不了的，他能修；渐渐地，许振超从一批工人中脱颖而出，由一名普通工人成长为名副其实的桥吊专家。[①]

2003年4月27日，在"地中海法米娅"轮的装卸作业中，许振超带领团队以每小时单机效率70.3自然箱和单船效率339自然箱的成绩，首次打破世界集装箱装卸纪录，开启了"振超效率"的序章。在此后的5年里，他们又先后7次刷新了集装箱装卸世界纪录，使"振超效率"成为港航界的一块"金字招牌"，展现了中国港口工人的卓越风采，成为中国港口领先世界的生动例证。2006年，许振超带领团队持续进行了2年的技术攻关，首次实施集装箱轮胎吊"油改电"技术改造，填补了该领域的国内空白，年节约生产成本2000万元，实现了零排放，在国内外都引起了强烈反响，众多码头纷纷效仿。

---

① 《专访许振超："人民工匠"是如何炼成的》，《齐鲁晚报》2024年9月27日第T05版。

2011 年 11 月底，"许振超技能大师工作室"正式揭牌，这是国家人力资源和社会保障部揭牌的全国第一家"技能大师工作室"。工作室成立之后，许振超对技能人才、打造工匠精神更加关注，也更有了无限的奋斗激情。他带领团队围绕码头安全生产需求，开展科技攻关，持续破解安全生产难题。由他完成的"集装箱岸边智能操作系统"，在世界集装箱码头率先实现"桥板头无人"，该项目为集装箱码头行业首创，解决了集装箱桥板头作业人机交叉的风险问题。他带领团队打造的"48 小时泊位预报、24 小时确报"服务品牌，每年为船公司节约燃油 1.26 万吨，成为青岛港的又一"金"字招牌。①

许振超不仅在自己岗位上当标杆、作表率，练就了"一钩准""无声响操作"等拿手绝活，更致力于团队建设和技艺传承，先后培育了"王啸飞燕""刘洋神绳"等一大批港口工人品牌，激励着一代又一代码头工人不断挑战极限、追求卓越。

典型是最好的教科书。从肩扛手抬到实现机械化再到自动化，许振超见证了青岛港几十年的变化，他说："这既离不开国家的支持，也离不开码头工人的努力。"从"金牌工人"到"改革先锋"，从"最美奋斗者"到"人民工匠"，尽管头衔越来越多，但不变的是许振超的初心——"作为一名普通的港口工人，就要精益求精做好本职工作，成为无愧于时代的劳动者。"

点评：

许振超自己说过："当不了科学家，但可以做个能工巧匠，练一身

---

① 《专访许振超："人民工匠"是如何炼成的》，《齐鲁晚报》2024 年 9 月 27 日第 T05 版。

绝活，同样无愧于时代。"他正是凭着这股劲头，成为行业内的行家里手。三百六十行，行行出状元。强国建设、民族复兴，需要方方面面的人才，人人都有出彩的机会。干一行精一行，不断超越自我。新时代新征程上，党员、干部要树立求真务实的工作作风，从自身做起，从点滴做起，不怕困难、攻坚克难，经受锻炼，增长才干。只有踏踏实实地做实事，才能用勤劳的双手、一流的业绩成就属于自己的精彩人生。

23. 上万张小纸条

"路再远、再难走，他都要巡视到位，绝不留下一个死角。"这是电工许启金40余年如一日秉持的信条。"要成为王进喜那样的工人，当一名好电工，让乡亲们用上光明电，过上好日子。"这是他当初面对党旗作出的庄严承诺。

1980年，17岁的许启金因身体原因错失高考，偶然看到国家电网宿州供电局面向社会招工，抱着试试看的态度报名参加了考试，结果以近乎满分的成绩被录取，成为线路工区带电作业班的普通一员，从此与线路结下不解之缘。线路工作看似简单，一基杆塔四根线，实际却又很复杂，每天爬上爬下，碰上恶劣天气更加不安全。那时的许启金必须要在杆塔上检修作业几个小时，长期在野外从事线路工作，带电作业既辛苦又危险，但由他组织完成的带电作业任务，没有发生一起安全事故，数十年如一日高质量完成1000多项高压带电作业，实现了零差错。

刚进入这个行业时，好学不服输的许启金，立志一定要当好一名电力线路检修工。他白天跟着师傅们爬电杆苦练基本功，晚上下气力啃书本苦学，由于没有系统学习过电力专业知识，一开始只能死记硬背那些技术术语、规程和规范。他把每天要背诵的内容用铅笔抄写在小纸条上，一有空就掏出来看看。20世纪90年代，工人一个月只有几十块钱工资，他却省吃俭用，前前后后买了近万元的书籍，用了300多支铅笔做业务笔记。

为了补上高压输电线路专业知识，许启金摸索出自己的高效学习方式，把线路知识写在小纸条上，外出巡线时抽空就拿出来看看、背背。就这样坚持了近 20 年，记录了上万张小纸条。正是这上万张小纸条，垒起了许启金电力专业知识的高度，夯实了搞创新的基础，一路走来，他和团队共推出了创新成果 59 项，获得专利 43 个。也正是由于长期坚持学习，许启金的知识储量和解决各类难题的能力在不断增长，2003 年他通过技能鉴定，成为送电线路工高级技师。如今，年过 50 岁的许启金开始自学 CAD、VISIO 等电脑绘图软件，能够熟练用 3D 视频制作线路维修流程课程。

许启金说过："自己一个人的力量再大也是小的，就想着能把自己的经验传给徒弟们，让更多年轻人既有干事的热情，也有干事的能力。"去过许启金家的人都知道，他家的阳台就是一个小小的加工车间，里面堆满了各式各样的器具，许启金搞发明创造的构想很多都是在阳台上完成的。2010 年，国网安徽宿州供电公司成立了第一个以员工名字命名的工作室——"启金工作室"。许启金毫无保留地把自己积累的经验和技能传授给徒弟们，一对一辅导、手把手传授。"启金工作室"如今集创新工坊、成果展示、职工书吧、班组讲堂、文化长廊等多个功能区于一体，添置了钻铣床、数控车床等加工设备和 3D 打印机、投影仪等设备，有了更好的培养技能人才的创新环境和交流平台，现在工作室已经形成了"60 后""70 后""80 后""90 后"梯队状的人才队伍结构，有 7 人获得了省部级及以上荣誉。

在许启金供职的宿州供电公司，还有一支以他名字命名的"启金共产党员服务队"。许启金和伙伴们积极开展"党员进社区""党员带头志愿先锋"等主题活动，如今"启金共产党员服务队"已发展到 13 支分队共 410 余名队员，他们用点滴奉献，诠释着电力先行官、群众连心桥的深刻内涵，践行着"人民电业为人民"的宗旨。

2017 年 7 月，许启金又有了一个新身份——安徽省总工会兼职副主席，他的钻劲儿更大了。在安徽省总工会，他的具体分工是协助劳动技能竞赛、技能培训等工作。2018 年，他提出的加强导师带徒的建议被采纳写入了安徽省总工会第十四次代表大会工作报告。2019 年的全国两会，他带去《着力打造高技能人才培养高地　助力国家高质量创新发展》的提案受到充分肯定，被所在小组列为联名提案，这让许启金非常自豪。

许启金话很少，有着黝黑的皮肤、一双粗粗大大的手，是一个再典型不过的基层普通工人形象。如不是旁人引荐，一时间很难把他和"技能专家""高中文凭执教大学"等这些标签联系起来。但他在大学课堂上毫不怯场，因为他手握"绝活"：创新采用了张力法更换导线、角钢接腿法抢修线路杆塔；主持完成的课题获得过全国"舜杰杯"QC 成果发布一等奖；还曾获全国劳动模范、全国五一劳动奖章……内行人知道，电力线路检修工是电力行业中最苦、最累、最危险的工种，50 多岁的许启金从事高压输电线路维护工作已有 30 多年。从一个"门外汉"成为如今被同行争相"追赶"学习的劳动楷模，许启金的工匠养成之路并不易。

"初从业，始于敬；诚拜师，学本领；勤伏案，书有径；再登高，树远景。"他将这句话写在了工作笔记上激励自己，也蕴藏着新的希望。许启金说："如果我没有能力做大事，那么就怀着大爱做小事，扎根在一线，苦练技术技能，像钉钉子一样把小事做得圆满、做到极致，让乡亲们都用上可靠的光明电，这也是一种成功。"

习近平总书记指出："许启金同志，干一行爱一行，树立了这样的一个榜样。""许启金就是这一行的专家、状元，你身上具有钉钉子的精神。"许启金从一个"门外汉"成为全国劳模，其身上展现出来的正是钉钉子精神。

点评：

实现制造强国目标、推进中华民族伟大复兴，必须弘扬工匠精神、培养更多的大国工匠。许启金数十年如一日坚持在带电工作第一线，能吃苦、肯专研、善创新，仅学习专业知识所用的小纸条就有上万张，正是大国工匠精神的具体展现。新时代新征程上，党员、干部要干一行爱一行、干一行精一行，肯吃苦、能担当，弘扬和传承好工匠精神。

24. 村民离不开的干部

沈浩，一位平凡而又伟大的党员干部，用生命诠释了什么是人民离不开的干部，什么是人民的好公仆。

2003年12月15日，启程前往小岗担任村党委第一书记时，沈浩在日记中写着："我想，届时通过自身的努力，理清思路，用3年的时间，一定会使小岗发生变化。我有这个信心！"

他很快完成了从"城里人"到"村里人"的角色转变：冬天，穿上村里5块钱买的老棉鞋；谁家的剩茶端起来就喝，谁家的剩饭端起来就吃；抽2块钱一包的香烟；遇见财政厅的老同事说话，也从"我们财政厅"变成了"我们小岗村"；手上长了老茧，整个人黑了、瘦了……沈浩成了全天候"村官"。他习惯坐在办公室的沙发上和村民平起平坐商量事儿，从不坐老板椅给人居高临下的感觉。"坐沙发，和大家交流'零距离'，这样老百姓才会亲近你。"沈浩是这样说的，也是这样做的。

到小岗村后，用了一个多月的时间，沈浩把全村108户跑了两遍，摸清了小岗的家底。他到村后了解到村民意见最大的就是村组道路"雨天一身泥，晴天一身灰"。在上级支持下，村里多方筹资开始修建村组水泥路。一开始修路的工程打算对外招标，报价最少的也要四五十万元，沈浩召集村民开会算细账，感到承包给工程队花钱太多，决定由村里租机械、聘请技术人员，带领村民自己干，不仅能省钱，还能让村民参加修路挣些工钱。修路期间，沈浩天天泡在工地上，自己当小工，扛水泥、拌砂浆，由于没有经验，用手捧水泥，手被烧烂了也没叫一声苦。村组道路修好了，大伙一合计，村里节约了近 20 万元。

一条铁路隔断了小岗村与 307 省道的联系，小岗人到县城要多绕行近 20 公里，还要下穿一个铁路涵洞，大型车辆无法通行，严重制约了小岗村的产业发展。沈浩知难而上，不畏艰难，多次奔波于合肥、上海、北京等地，找交通、铁道部门请求支持，终于使项目批了下来。2008 年 7 月，长 18 公里的小岗快速通道全程贯通，村民出行路程比原先缩短近 20 公里。

第一书记的 3 年任期一瞬即至。2006 年秋天，小岗人的心像十五个吊桶打水——七上八下。"大包干"带头人之一严金昌说："当年我们杀头、坐牢都不怕，可沈浩要走，我们真怕了。""小岗村人最讲事实，好干部就是好干部，不好也不会有人说好……小岗村人舍不得他，小岗村需要他，离不开他……"严宏昌等几个人一合计，带着一封按下了 98 个红手印的信找到省委组织部和省财政厅。走还是留，沈浩焦灼不安，选择两难；挽留还是欢送，小岗人的选择也不轻松。当年率先按手印的"大包干"带头人之一严俊昌，这次却没按下手印，"离开妻子、老母、女儿，在小岗踏踏实实干了 3 年，都想让他留下，可又不忍心啊！"挽留是爱戴，不挽留是疼爱。最后，沈浩选择了留下。

2008 年 9 月 30 日，又是一个金秋时节，党的十七届三中全会召开前，时任中共中央总书记的胡锦涛来到小岗村考察。当得知沈浩是省委组织部和省财政厅选派到小岗村任职、由村民自发按手印留下来连任的村干部时，他热情地鼓励沈浩说："群众拥护你，这是对你最大的褒奖！"

静夜孤星，青灯黄卷。沈浩对自己严格要求，始终租住在村西头一间 20 平方米的简陋平房内，一张床、一张桌子、一个书柜、两条长凳，这个十几平方米的小屋是村民马家献家里的一间房，是沈浩租住的卧室，但这间房的房门无论昼夜从未锁死过。"放长凳是因为长凳坐的人多，房门不关死是方便群众随时来访。"这早已为小岗村村民所共知。

今天，人们怀念沈浩，也许正是怀念他这种与群众之间的"零距离"。致富能手严德友说："沈浩在我们小岗从没有把自己当外人，他和我们一起吃住，一起干活，就和我们一个样。"

在沈浩去世的3天前，"大包干"带头人之一严金昌对他说："沈书记，现在3年又到期了，我们还想留你再干3年。"沈浩笑着说："我不走了，永远在小岗干了。"

2009年11月6日清晨，沈浩永远地睡着了，怎么也叫不醒了。匆匆赶来的同事忆起，前一天他还密集地处理了4起有关土地的问题、接待了3批客商……小岗人看在眼里，本打算在他第二个选派期满时再做挽留。提起沈浩，小岗村村民讲得最多的就是"我们离不开沈书记"。在小岗村村民第三次按下手印强烈请求下，沈浩骨灰安葬在小岗村公墓，上书："小岗村党委第一书记沈浩同志之墓。"干部靠什么让人民群众感到离不开？要靠一心为民的情怀、靠公而忘私的责任、靠清正廉洁的操守。"两任'村官'呕心沥血带领一方求发展，六载离家鞠躬尽瘁引导万民奔小康"，这副挽联正是沈浩一心为公、无私奉献精神的最好诠释。

点评：

沈浩是对党忠诚、对人民热爱，任劳任怨为老百姓干好事、干实事的好党员、好干部，也是志在基层、一心为民的干部的学习标杆。正是因为没有"官架子"，想群众所想、谋人民所需，他成为小岗群众离不开的"沈书记"。沈浩永远留在了小岗村，其"权为民所用、情为民所系、利为民所谋"的为民担当，始终以党和人民的事业为重、舍小家为大家的家国情怀，永远值得我们学习。

25.一心修渠只为民

　　贵州省遵义市播州区草王坝村，海拔 1000 多米，山高岩陡，零碎的耕地挂在陡峭的山间，常年干旱少雨，是遵义最边远、最贫困的村。全村灌溉和人畜饮水，要不靠山坡自渗水，要不守着山下几里远的一口泛着黄沙的老水井不分昼夜地排队挑水，接一挑水需要等 1 个多小时，来回需要走 2 个小时；如果想要喝山谷小河里的水，那么上下山一趟就得 4 个多小时。村里人经常天不亮就前往水源地挑水，山路崎岖难行，但为了活下去，他们别无选择。

　　因为缺水，种水稻就是天方夜谭，地里只能种一些稍微耐旱的苞谷（玉米）、红薯和土豆，产量也并不高。种不出水稻就没有大米饭吃，村民们只能把苞谷粒去皮磨碾碎上锅蒸，蒸熟后作为主食，这种"苞沙饭"在喉咙上直打转转，难以下咽。[①] 黄大发就出生在这里。

　　1958 年，23 岁的黄大发光荣入党，这一年他被推选为草王坝村大队长。小小年纪就成为孤儿的黄大发，是吃"百家饭"、穿"百家衣"长大的，对党的关怀和父老乡亲的帮助心怀感恩。他下定决心，一定要把水引过来，帮助乡亲们喝上干净水、吃上大米饭。

　　说干就干，经过认真走访调查，他盯上了村西 6 公里之外的螺蛳水。这条河距离草王坝村很近，但中间有一座上千米的高山绝壁阻隔着，两岸的悬崖峭壁像一把锋利的刀，河水无法自然流进草王坝村，唯

---

① 吴储岐、郝迎灿：《一个人，一辈子，一道渠》，《人民日报》2017 年 4 月 19 日第 4 版。

一的办法便是开山修渠。

开凿水渠说起来倒是轻巧，这条渠要绕三重大山、过三道绝壁、穿三道险崖，又没有任何修渠技术和现代化机械、水泥、资金支持等。黄大发一心只想让乡亲们喝上干净的水，1963 年，他争取到了上级政府的支持，带着数百位村民，背上钢钎和铁锤，一头扎进了大山深处，开始了第一次修渠。经过 13 年的苦干，硬是在绝壁上开凿出一条 10 多公里的水渠，由于缺乏技术指导，工程质量不过关，水仍然没有流进草王坝。

草王坝村，还是那个贫穷、落后、愁苦的草王坝村。穷到有的人全家只有一条裤子穿，还流传着"好个草王坝，就是干烧（指干旱）大，姑娘个个往外嫁，40 岁以上的单身汉一大把"的民谣。[1]

没能如愿完成这件大事，乡亲们有些灰心，也引来了一片质疑声。当时有人断言，草王坝的人就是这个命，别再想吃上白米饭。但黄大发没有放弃，通过这次失败的教训，他深深认识到光靠蛮干，是没有办法修成水渠的，必须学习技术。此后，黄大发四处求教，一听说哪里有在建的水库沟渠工程，无论路途多么遥远，无论要翻几座大山、要蹚几条大河，他背着干粮就上路。

1990 年，当地爆发了一场大旱灾，草王坝村 100 多天滴雨未下，地里的庄稼严重减产，连"苞沙饭"都难吃得上，孩子们没水喝一直哇哇叫，本就不富裕的草王坝村情况更加惨淡。黄大发知道，水渠的事情不能等了，就反复与县水利局沟通并争取到支持。

1992 年春，引水工程终于开工，57 岁的黄大发带领 200 多名乡亲一头扎进深山开工凿渠，沉寂数十年的大山再次沸腾了。黄大发在现场

---

[1]　吴储岐、郝迎灿：《一个人，一辈子，一道渠》，《人民日报》2017 年 4 月 19 日第 4 版。

既当指挥员，又当技术员。垂直 300 多米高的擦耳岩，异常险峻，放炮非常危险。黄大发第一个站出来，带几名党员上到山顶，把绳子拴在大树上，再系到腰上，顺着石壁慢慢往下探，寻找放炸药的合适位置。36 年修渠引水，黄大发带领的施工队伍没有一个人丢掉性命，可他家里的 2 位亲人却离开了人间。女儿黄彬彩因病没有得到及时医治，年纪轻轻就去世了。仅仅几个月后，黄大发 13 岁的大孙子突发脑膜炎，等全家人从工地上赶回家，孩子已断了气。

1995 年，一条主渠长 7200 米，支渠长 2200 米，地跨 3 个村 10 余个村民组，绕三重大山、过三道绝壁、穿三道险崖的"生命渠"通水了！草王坝彻底告别了"滴水贵如油"的历史。村民以黄大发的名字命名这条渠为"大发渠"。①

水渠修通后，黄大发又带领村民把山地改成良田，又通了电，接着又修通了通村路，彻底改变了村民吃饭、用水、用电和出行问题。

从 1958 年至今，黄大发用敢为人先的担当，诠释了对信仰的坚守、对使命的践行，用大爱无疆的情怀，践行着一名共产党员的初心和奉献担当，用实际行动诠释着新时代愚公移山精神。2017 年 4 月以来，黄大发先后被授予"时代楷模"、全国脱贫攻坚奋进奖、全国道德模范、2017 年感动中国十大人物、"最美奋斗者"、全国劳动模范等荣誉称号。2021 年 6 月，中共中央授予黄大发"七一勋章"。

一渠通则百业兴，现在的草王坝改叫团结村，有水稻、有机高粱、中药材、养殖、精品水果等产业，除了吃上白米饭外，民宿、露营、漂流、农旅基地等旅游项目陆续入驻，彻底改变了这个身处黔北崇山峻岭

---

① 李惊亚、郑明鸿：《"当代愚公"黄大发：绝壁天渠映初心》，《新华每日电讯》2017 年 7 月 26 日第 6 版。

中的小山村。

点评:

一个人,一辈子,一道渠。黄大发以不忘初心的坚定信念,不等不靠的责任担当,无私奉献的高尚情操,坚强乐观的生活态度,践行了共产党员全心全意为人民服务的根本宗旨。践行党的宗旨,就是对人民饱含深情,心中装着人民,工作为了人民,想群众之所想,急群众之所急,解群众之所难,密切联系群众,坚定依靠群众,一心一意为百姓造福。

26.乡村振兴的领头雁

火车跑得快，全靠车头带。一个村怎么样，就得看村支书了。1999年的山东兰陵县代村，活像一锅煮糊了的粥。集体欠款多年被起诉，一个村子的债务高达380多万元，法院传票摞起来比村支书的办公桌还高，村民见着村干部就翻白眼。在这节骨眼上，31岁的王传喜接过村支书的担子，成了十里八乡最年轻的"当家人"。

1999年3月，王传喜放弃了在建筑公司担任经理的机会，毅然回到村里，挑起治村兴村的重任。刚刚上任，王传喜屁股都没坐热，就接到人生中第一张法院传票成了被告。王传喜曾坦言："当时，三天两头接传票、要出庭，没有赢的，不是欠人家钱，就是还钱。"一年多时间，共收到126张传票，先后出庭100多次。

面对村里巨额债务，他就下定决心，不管多难一定要摘掉穷帽子，让村子强起来、村民富起来。如何才能让贫困村、贫困户尽快脱贫？王传喜深知，发展产业，方向须对路。

他带队去华西村等地取经，坚信带领农民增收致富，必须走发展壮大集体经济、实现共同富裕的路子。凭借敏锐的嗅觉，他当机立断：不走老路，发展现代农业。启动全村土地流转，村民拿土地入股，村里集约化经营，建起高标准的现代农业示范园，并争取全国第一个"国家农业公园"试点落户。

在深思熟虑之后，2000年初，王传喜下决心进行土地调整，他大胆提出人均保留7分地的土地流转方案，多余土地由村集体统一规模化经营，到年底村民按人头分红。

想要让村民想通，分地工作必须"一碗水端平"，王传喜带着村干部用 1 万多个木桩把村里的地划定界限。可分地的木桩砸下去第二天，就被全部推倒了，有人见到王传喜的家人便破口大骂。半夜里，王传喜家里哐当响，有人扔进砖头和刀子。满村风雨，说什么的都有，王传喜家里人也反对。

时间长了，王传喜的爱人承受不了压力，一气之下喝了农药，幸亏抢救及时脱了险。

她求王传喜："咱别干这事了，行不行？"①

王传喜没有退缩，后来他说："是为了老百姓，不是为了我个人，心里很坦然，有底气。"

他挨家挨户做群众的思想工作，让所有村民抓阄选地，公开公正透明。实施动土均地、土地流转、集体经营，健全村党组织工作制度，带头值班巡查，推行持牌上岗，把一个负债 380 多万元的贫穷落后村，发展成为乡村振兴的模范村。

"党员干部就要带头吃苦吃亏。"王传喜常给村"两委"成员这样说，他自己更是以身作则、率先垂范。

2017 年 6 月 19 日，王传喜从省里开完会回到村，走进张德华办公室已是傍晚。两人交流了一会儿，张德华出去上洗手间。王传喜看到纸盒里有饼干，就拿起来吃。

张德华回到房间，忙说："那不能吃了，过期了，还是半年前，小外孙女来玩时吃剩的。"王传喜应道："我从昨天晚上忙到现在还没吃饭，

---

① 孙忠法：《啃下多少硬骨头　才能改变穷窝窝——记山东省临沂市兰陵县卞庄街道代村党委书记、村委会主任王传喜》，《中国组织人事报》2024 年 7 月 17 日第 1 版。

有点头晕、胃疼。"张德华鼻子一酸："传喜啊传喜，再忙也得正经吃饭啊！"①王传喜答应着，却从没有放慢工作的步伐，一心将所有时间和精力都投入到代村的发展上。

村委会旁，4幢老年公寓，家具、暖气配备齐全，拎包即可入住。社区医院、公共浴池、公共食堂、学校等，一应俱全。村民基本生活食品由村集体无偿配供，基本医疗保险所需资金由村集体全部负担。非义务教育阶段学生，还可以享受2000元到1万元不等的助学金、奖学金。

乡亲们念着王传喜的好，每逢年节，经常送他礼品和土特产。当面拒绝会驳了乡亲面子，王传喜先收下，回头让妻子骑上三轮车，带着儿子买来东西，挨家挨户回礼。大年初一的村委会，王传喜带着村干部们"打游击"，为啥？躲送礼。时间久了，大伙儿也就不送了。②代村人都清清楚楚地看到王传喜的坚守和"不近人情"。

村里有个工程，人们报名承揽。妹夫李峰昌是干工程的，也报了名。报名的多出一组，得通过抓阄减去一组。王传喜想，一旦抓空的是别人，人家可能就会想到是照顾了妹夫。他把妹夫喊出去说："你别干了，免得让人说闲话。"妹夫也只好说："好的，哥，听您的。"妹妹说："哥哥常对家人讲，不要想着沾光，有个好名声就是沾光！"

王传喜以身作则，靠着"吃亏哲学"带出一支好队伍，20多年如一日，舍小家为大家，用无私奉献诠释着共产党员的初心和使命，带领代村从贫困走向富裕，从落后走向先进，成为乡村振兴的璀璨样板。

20多年来，王传喜坚持发展产业项目"拔穷根"，带领代村边提升边发展，走出了一条农业与科技、旅游结合的特色发展之路，形成了

---

① 管斌：《王传喜治村记》，《经济日报》2018年1月22日第16版。

② 刘成友、王沛：《敢啃硬骨头 一心为乡亲——记山东兰陵县卞庄镇代村党支部书记王传喜》（上），《人民日报》2018年1月22日第6版。

"党建引领，不断发展壮大集体经济，鼓励支持村民自主创业，实现强村富民、共同富裕"的"代村经验"。

点评：

王传喜用 20 余年的时间证明：好的作风既是"生产力"，更是"凝聚力"。从负债 380 多万元到资产上亿元，从"问题村"到"全国文明村"，代村的蜕变历程揭示了乡村振兴的核心逻辑——只有干部"沉下去"，民心才能"聚起来"，发展才能"活起来"。新时代新征程上，必须强化党的作风建设，以人民为中心，突出问题意识和目标导向，坚持以创新为驱动、以制度为保障，为全面推进乡村振兴注入持久动能。

27.公私分明的"老黑叔"

2018年3月8日,习近平总书记在参加十三届全国人大一次会议山东代表团审议时谈到乡村人才振兴,他举了一个例子:茌平县贾寨镇耿店村现在有个好现象,种大棚菜的中青年越来越多了。习近平总书记点赞聊城市耿店村"棚二代"。当时,坐在会场第二排的耿店村党支部书记耿遵珠赶紧站起来"自报家门"。

20世纪90年代初期,担任村支书之前耿遵珠在市场上坐庄收粮食。

"俺没使秤坏过良心,坑过人!"在鱼龙混杂的粮食收购市场上,耿遵珠是一股清流。因为讲信誉,老百姓相信他,都愿意卖给他,使他以绝对的商业信誉收购量不断增长,创造过一天收10万斤粮食的纪录,别的粮店几家加起来,也不如他收得多。

"我在这一带是名人,四里八乡都认得我,就是收粮食收的。"随之,耿遵珠"老黑叔"的名字也越叫越响。

2002年被选为耿店村党支部书记后,"公款姓公,一分一厘不能乱花;公权为民,一丝一毫不能私用"[1]。在"老黑叔"耿遵珠的心里,这一条界限划得很清。在他看来,村干部不是为自己、也不是为少数人谋利,而是为全村老百姓服务,公家的光丝毫不能沾,要乐于吃亏。开展新农村建设工程,他家是全村第一个扒房的,之后又动员兄弟、亲戚带头扒房腾地。

---

[1] 张宝山:《耿遵珠:用大棚带领村民走上幸福路》,《中国人大》2020年第17期。

刚当选村党支部书记、村委会主任时，全村只有 60 多个小土棚，从事种植的多是文化程度不高的老年人，收益不高，有时甚至赔钱。耿遵珠当时就敏锐意识到：如果没有年轻人，这个产业早晚都要荒废，而要吸引年轻人回来，村里必须完善配套服务，让种出的菜销路不愁。耿遵珠动员村"两委"干部和党员筹资 15 万元，建起了蔬菜批发市场、育苗场，市场越干越红火。

然而，一场突如其来的暴雪将村里的育苗大棚给压塌了，育苗场 50 万株种苗全冻死了。眼看着这场大雪压塌的还有村民们的希望。

村民耿传喜回忆说："当时耿书记捂着头蹲地下就哭了，'两委'干部也都急的直跺脚。"这不仅意味着 200 多亩大棚无苗可种，更关系到几十户村民的生计。"再难也不能寒了老百姓的心，咱得负责任！"耿遵珠说道。来不及擦干泪水，他带上村"两委"的党员干部，上寿光、下青州，甚至跑到了更远的河北，终于把 50 万棵菜苗备齐了。

那年为了买菜苗，耿遵珠搭上了好几万块钱。功夫不负有心人，村民们的蔬菜终于如期迎来了大丰收。村里的大棚产业终于站住了脚，在耿遵珠的带领下耿店村又陆续建起了育苗场、蔬菜批发市场、蔬菜合作社，发展成了"鲁西小寿光"。2020 年新冠疫情期间，耿遵珠带着村民们，向湖北捐赠了 15 吨蔬菜。

2012 年，耿店村第一批住宅楼完工，村里决定通过抓阄，把楼房分给包括耿遵珠在内的 48 户回迁户。其中的 1 号楼 1 单元 1 楼东户，由于门头楼遮光，靠近婚宴大厅噪音较大，村民都不愿意选。得知此情况，耿遵珠立即选了这套房子，简单装修后搬了进去。楼房分完，另外 47 户感动得在县电视台给耿遵珠书记点了两首歌：《好干部》和《越来越好》，并连续播放了 1 周。2016 年，村里又盖起楼房，因为住顶楼上下楼不方便，大家都不愿意选。于是在耿遵珠的带动下，村"两委"成员纷纷选了顶楼，最后这些房子未经抓号均被认领。

耿遵珠牢记公权为民。他带领耿店村始终坚持"四议两公开"制度，大小开支都要经过村理财小组审核通过。就连每年谁家需要照顾、谁家享受低保等，都要经过严格程序由村民票决。

吃亏在前，享受在后，一件件实事干在群众心坎上，这样才能取信于民，老百姓才愿意跟着干。耿遵珠坦言："我是党支部书记，在耿店村，我说出来的话、办出来的事就代表党的形象，我诚实守信，党的一级组织就有威信，就有凝聚力。"

点评：

20多年来，公私分明的"老黑叔"耿遵珠在工作和生活中始终将群众疾苦放在心上，以发展生产、带领村民致富为己任，用实际行动赢得了村民的信任和支持。党员、干部必须始终秉持"公权为民"理念，乐于助人、甘于吃亏，才能赢得人民群众的爱戴。作为基层干部，要始终牢记"发展才是硬道理"，要通过带领群众实现共同富裕，提高群众的生活水平，让大家共享发展成果。发展了，日子好过了，基层社会治理的问题也会迎刃而解。

28.做群众致富的带头人

2005年10月5日，浙江的一个小村庄，连续多日操劳的村党支部书记突发脑血管破裂，生命垂危。30多名村民自发连夜翻山4小时，冒雨将他送往医院；村民们连夜凑齐7万余元医疗费，演绎了"一人有难，全村相救"的感人场景。村民们说"就是讨饭也要救他"。这个人就是郑九万——浙江省永嘉县山坑乡后九降村的党支部书记。

他住着破旧瓦房，却将积蓄用于村民救急；他带领村民在悬崖峭壁上凿出致富路，自己却因过度劳累突发重病；他以"舍小家顾大家"的奉献精神，赢得了"老百姓在干部心中的分量有多重，干部在老百姓心中的分量就有多重"的至高评价。

这场生死救援，不仅是对郑九万无私奉献的回馈，更是群众对他最深沉的爱戴。

后九降村海拔800多米，四面环山，离乡政府所在地11公里，是当时该乡最偏远的一个小山村，全村共65户、237人。基础条件差，发展致富难。1984年3月至1995年12月、2001年3月至2016年12月郑九万先后2次担任后九降村党支部书记。

面对后九降村缺水少电、交通闭塞的困境，郑九万不等不靠，带领村民自力更生。20世纪80年代初，他四处奔波为村里通电，成为全乡最早用上电的村庄；为解决饮水难题，郑九万就把家里仅有的500元钱拿出来，再带领村干部挨家挨户做工作，每人集资50元，组织群众做义工，很快全村人就喝上了自来水，成为吃上自来水较早的村之一。

2002 年，他抓住全县通乡公路建设的机遇，带领村民在悬崖峭壁上凿出一条 2.45 公里长的机耕路，打通了脱贫致富的"最后一公里"。此后，他又推广种植高山红柿、青椒等经济作物，使村民人均收入从 600 元增至 2000 多元。

郑九万心中始终装着群众，将村民的冷暖置于首位。村民刘光淼因车祸致残，他垫付医疗费并帮忙补种冬麦；台风来临前，他整夜巡逻，动员村民撤离危房；村妇女主任陈菊蕊为丈夫治病发愁，他毫不犹豫拿出为儿子娶亲的钱。这些看似微小的善举，却都凝聚着他对群众的深情厚谊。村民们说："老郑是村里的硬人，做事硬气，待人真诚。"

郑九万对群众十分慷慨，乐于助人，自己一家却一直过着俭朴的生活。他们家的房子是一排房中最旧的，建于 20 世纪 50 年代的两层木制小楼，后面是通天的，当外头下大雨时，家里就下起小雨；夫妻俩的卧室，简陋的房间里除了一张床几乎没有其他任何家具了。甚至两个儿子的婚房里除了一台 21 寸的黑白电视机外，空空荡荡。两个儿子结婚，酒宴都没有办。下山开会舍不得坐车，常啃麦饼充饥；家中积蓄几乎全部用于村民救急。用他妻子李金叶的一句话说，他们家的状况可以说是"白天风扫地，夜晚月当灯"。村民刘贤好感慨："老郑是村里最硬的一个，他把自己的钱都花在群众身上了。"

病床上的郑九万仍心系村务。他召集党支部讨论高山蔬菜基地建设，牵挂着机耕路的水泥硬化和柿子销路。康复后，他第一时间返回村里，继续谋划新农村发展。

对于郑九万的先进事迹，时任浙江省委书记的习近平同志作出重要批示，他指出："老百姓在干部心中的分量有多重，干部在老百姓心中的分量就有多重。郑九万同志的先进事迹正是这句话的真实写照。他以共产党员的实际行动赢得了老百姓对他的尊重和爱戴，他是当前正在深入开展的保持共产党员先进性教育活动中值得党员和群众学习的好典型。"随后，省委先进性教育活动领导小组下发了开展向郑九万同志学习的通知。

2005年12月9日，出院后的郑九万回到村里，那一天，这个小山村热闹非凡，全村人放起了鞭炮，就像过年一样。习近平同志在收到郑九万的感谢信后，亲自给他回信，信中这样写道："得知你已康复出院，我十分高兴。你在农村基层党支部书记的岗位上，认真践行'三个代表'重要思想，无私奉献，为民服务，作出了不平凡的业绩。你以自己的实际行动，赢得了老百姓对你的尊重和关爱。希望你安心养病，身体痊愈后继续带领全村干部群众，艰苦奋斗，加快发展，早日把后九降村建设成社会主义新农村。"

2006年5月，习近平同志专程赴后九降村看望郑九万，称赞他"以实际行动赢得了老百姓的尊重和关爱"，并勉励他"继续带领全村干部群众艰苦奋斗，建设社会主义新农村"。此后，习近平同志在多次讲话中提及郑九万，强调基层干部要学习他"亲民爱民、廉洁奉公、艰苦奋斗"的精神。

郑九万的事迹被新华社、《人民日报》等中央媒体集中报道，引发全国关注。他先后被评为县、市"优秀共产党员"和"优秀村党支部书记""全国优秀共产党员"，被誉为"农村基层干部的楷模"，并当选党的十七大代表。其精神被总结为"郑九万现象"，成为全国农村基层党建的鲜活教材。

点评：

民心是最大的政治。党员、干部只要心里装着群众，真心实意地为人民群众做好事、办实事、解难事，人民群众就会相信他、支持他；一个政党，只有始终重视民心、尊重民意、顺应民愿，努力为最广大人民群众谋福祉，才能得到人民群众的认同，赢得人民群众的拥护，才能巩固执政地位、完成执政使命。江山就是人民，人民就是江山。离开了人民，我们将一无所有、一事无成。新时代的党员、干部需以郑九万为镜，树立和践行正确政绩观，把为民造福作为最大政绩，始终将群众利益放在首位，认真倾听人民呼声，广泛尊重和了解民意，回应所思所想所盼，用心用情解决群众急难愁盼问题，始终与人民群众想在一起、干在一起，拧成一股绳，我们就能永远立于不败之地。

29.隐姓埋名三十年的大科学家

在中国核科学的辉煌篇章中，邓稼先这个名字犹如一颗璀璨的星辰，照亮了中国核武器事业的征途。他隐姓埋名 30 年，默默耕耘在茫茫戈壁，为中国核武器的研制付出了毕生心血。他是中国核武器研制工作的开拓者和奠基者之一，为中国原子弹、氢弹的原理突破和试验成功及其武器化立下了卓越功勋，为新型核武器的重大原理突破和研制试验作出了重大贡献。习近平总书记指出，我国科技事业取得的历史性成就，是一代又一代矢志报国的科学家前赴后继、接续奋斗的结果。邓稼先的光辉一生，就是"热爱祖国、无私奉献，自力更生、艰苦奋斗，大力协同、勇于登攀"的"两弹一星"精神的生动体现。他不愧是中华民族的好儿子，不愧是中国共产党的优秀党员，不愧是中国知识分子的优秀代表，不愧是爱国科学家的杰出典范。

1958 年，邓稼先接受核武器研制任务后，开始了隐姓埋名的生活。他的妻子许鹿希和孩子们对他的工作一无所知，甚至不知道他去了哪里。有一次，邓稼先难得回家，孩子们围着他问："爸爸，你到底在做什么工作？为什么总是见不到你？"邓稼先沉默片刻，眼中闪过一丝愧疚，轻声说道："我不能告诉你们我在做什么，但请相信，爸爸在做一件非常重要的事情，是为了我们的国家和人民。"孩子们似懂非懂地点了点头，而邓稼先的眼中却泛起了泪光。许鹿希在《邓稼先传》一书中提到："邓稼先隐姓埋名的三十年，是他对国家和民族最深沉的爱的体现。"①

1964 年，中国第一颗原子弹研制进入关键阶段，邓稼先作为理论设计负责人，承受着巨大的压力。在一次关键实验中，数据出现了异常，团队陷入了困境。邓稼先连续几天几夜不眠不休，反复计算和验证。同事们劝他休息，他却说："我不能让国家失望，我们必须找到问题的根源。"最终，他发现了数据异常的原因，并成功解决了问题，为原子弹的成功爆炸奠定了基础。在突破氢弹时期，邓稼先组织制定《九院理论部科研工作大纲》即《氢弹研制大纲》，明确由理论部几位副主任分头领军，多路探索，集体攻关氢弹原理。在于敏带领科研组赴上海百日会战抓住关键之后，邓稼先会同科研人员深入分析，完善了突破氢弹的理论方案。1967 年 6 月 17 日，在理论、实验、设计、生产、材料、试验等多个方面共同努力下，我国第一颗氢弹成功爆炸。②

在核武器研制过程中，条件十分艰苦，邓稼先和大家一起，白天挑砖抬瓦搞场地基建，晚上挑灯夜战学理论。他既当领导又当老师，编教材、上讲台，手把手教年轻同志如何寻找资料、阅读文献，如何提出问题、思考问题等。当时食堂非常简陋，大家蹲在地上吃饭，年轻人常常借机请教问题，他往往把饭盒随手一放，就拿根树枝在地上比画起来。

邓稼先不仅是一位科学家，还是一位领导者。他非常关心团队成员的生活和工作状态。有一次，团队中的一位年轻科研人员因为家庭困难，情绪低落，影响了工作。邓稼先得知后，悄悄用自己的工资帮助这位同事解决了困难，并对他说："我们不能让任何一个人掉队，我们的任务需要每一个人。"这位同事后来回忆说："邓稼先不仅是一位伟大的

---

① 许鹿希：《邓稼先传》，人民出版社 1998 年版，第 56 页。

② 陈能宽：《邓稼先：中国核科学的奠基人》，清华大学出版社 2010 年版，第 92 页。

科学家，更是一位温暖的领导者。"在他的指导和培养下，一大批研究人员成长为我国核武器事业的领军人物和中坚力量。①

邓稼先在生命的最后几年，身体状况已经非常糟糕，但他仍然坚持工作，甚至拒绝住院治疗。1985 年，邓稼先的病情恶化，医生多次劝他住院治疗，但他却坚持留在工作岗位。他对医生说："我不能让历史留下遗憾，我们的核武器事业还有很多工作要做。"1986 年 3 月，邓稼先身体已极度虚弱，但他仍以顽强的毅力，凭着特有的政治敏锐性和深厚的业务功底，对当时各国技术发展水平和国际局势作出研判。

在病榻上，邓稼先多次与于敏等几位科学家商议，并起草完成了关于加快我国核试验进程的建议报告。当时，邓稼先进行了直肠部分切除手术，没法坐椅子。他艰难地坐在一只汽车轮胎的内胎上，强忍剧痛，满头大汗，一字一句地推敲、修改建议报告。在最后一次大手术前，他还写了满满两页纸，关照报告内容要作哪些调整、如何加以润色、应送哪里。1986 年 4 月 2 日，建议报告得以定稿，以邓稼先、于敏两人的名义呈报。这份凝聚着至深爱国情怀的报告，经党中央批准，在后续工作中贯彻、执行，化作了核武器事业后继者们的意志和行动。而后来的形势变化，也完全证实了预见的正确性。邓稼先用满腔热血书写了生命的绝唱，铸就了"加快发展"的辉煌。②

点评：

邓稼先隐姓埋名 30 年的事迹是中国共产党人优良作风的生动体现。

---

① 朱光亚：《邓稼先与中国的核事业》，中国科学技术出版社 2015 年版，第 78 页。
② 张劲夫：《邓稼先：科学巨匠与民族脊梁》，中央文献出版社 2018 年版，第 112 页。

他始终坚守党的信仰和宗旨，无条件地服从党的安排和指挥。这种忠诚于党、听党指挥的精神，是中国共产党在长期革命斗争中形成的宝贵财富。他用自己的行动诠释了什么是真正的忠诚与奉献，也为我们树立了光辉的典范。在当今时代，我们更应该铭记邓稼先的事迹和精神，继续发扬党的优良作风，为祖国的繁荣富强而努力奋斗。

30. 中国第一个获诺贝尔奖的女科学家

"呦呦鹿鸣，食野之苹"，这一出自《诗经·小雅》的名句，寄托了屠呦呦父母对她的美好期待。这位杰出的科学家，不仅因其在中医研究领域的卓越成就而备受赞誉，更因其高尚的品格和廉洁的作风而深受敬重。她一生致力于科学事业，严谨求实、矢志创新、清正廉洁、无私奉献、淡泊名利，成为共产党员学习的楷模。

屠呦呦一生致力于中医研究实践，带领团队攻坚克难，研究发现了青蒿素，为人类带来了一种全新结构的抗疟新药，解决了长期困扰的抗疟治疗失效难题，标志着人类抗疟步入新纪元。以双氢青蒿素、青蒿琥酯等衍生物为基础的联合用药疗法（ACT）是国际抗疟第一用药，挽救了全球特别是发展中国家数百万人的生命，产生了巨大的经济社会效益，为中医药科技创新和人类健康事业作出了重要贡献。

疟疾，中国民间俗称"打摆子"，曾被世界卫生组织列为世界三大死亡疾病之一，是由疟原虫侵入人体后引发的一种恶性疾病，已经在全球肆虐了几千年，患者得病后高烧不退、浑身发抖，重者几天内就会死亡。20 世纪 60 年代，三分之一的越南士兵染上疟疾，越南向中国求援。在毛泽东、周恩来的指示下，中国从 1964 年起开始抗疟药研究。代号为"523"项目的大规模药物筛选、研究工作在全国 7 省市展开。1969年 1 月，中医研究院受命加入"523"项目。接受任务那年，屠呦呦 39岁。屠呦呦的责任感很强，她认为既然国家把任务交给她，就要努力工作，一定要把这个事情做好。屠呦呦说："只要国家需要，我就必须持之以恒。"

屠呦呦领导课题组从系统收集整理历代医籍、本草、民间方药入手，调查了 2000 多种中草药制剂，选择了其中 640 种可能治疗疟疾的药方。最后，从 200 种草药中，得到 380 种提取物用于在小白鼠身上的抗疟疾检测。中国古老医学如东晋葛洪《肘后备急方》等给屠呦呦及科研团队"关键启发"，在经历 191 次试验后，屠呦呦课题组终于发现了抗疟效果为 100% 的青蒿提取物。

为了试药，屠呦呦随时准备牺牲自己。用乙醚提取青蒿素，由于乙醚对人体有毒性，她团队中的钟裕荣切除了部分气管和肺叶，另一位研究人员崔淑莲很早就过世了。后来，屠呦呦也因此得了中毒型肝炎，她甚至在发现药物有疑似毒副作用的时候，打报告申请以身试药。"如果中毒，我后果自负。"幸而受试者情况良好，青蒿素开始了临床试用。

1981 年，世界卫生组织致函中国卫生部，抗疟新药青蒿素得到世界认可。也正是在这一年，一直按照共产党员标准要求自己的屠呦呦如愿加入中国共产党。

2011 年，屠呦呦默默的科研之路第一次进入公众视野，她被授予素有"诺贝尔奖风向标"之称的拉斯克临床医学奖。评委会给出的理由是：第一个把青蒿素带到"523"项目组，第一个提取出有 100% 抑制率的青蒿素，第一个做了临床实验。获奖之后的屠呦呦淡定而平静，她说："这是中医中药走向世界的一项荣誉。它属于科研团队中的每一个人，属于中国科学家群体。"[①] 青蒿素的研发是举国协作创造的奇迹，既饱含着屠呦呦等一批科研工作者的心血汗水，也离不开全国上下一盘棋的协作支撑。作为一名共产党员，屠呦呦从未想过把功劳据为己有，她

---

① 任仲文：《功勋》，人民日报出版社 2021 年版，第 195 页。

在各个场合反复表示，"荣誉属于集体"。

2015 年度感动中国人物评选组委会曾这样评价："青蒿一握，水二升，浸渍了千多年，直到你出现。为了一个使命，执着于千百次实验。萃取出古老文化的精华，深深植入当代世界，帮人类渡过一劫。呦呦鹿鸣，食野之蒿。今有嘉宾，德音孔昭。"

2015 年 12 月，屠呦呦因青蒿素抗疟研究的杰出贡献获颁诺贝尔生理学或医学奖。在演讲中，她深情讲述了中国科学家寻找抗疟新药、发现青蒿素的过程始末。站上诺奖讲台的屠呦呦激动不已："有机会接受如此重任，我体会到了国家对我的信任，深感责任重大，任务艰巨。我决心不辱使命，努力拼搏，尽全力完成任务。"

屠呦呦先后荣获"全国优秀共产党员""全国先进工作者""改革先锋"等称号。在新中国成立 70 周年前夕，党和人民授予她"共和国勋章"，习近平总书记亲自给她颁奖。屠呦呦说："我要按照共产党员的标准严格要求自己，多考虑党和国家的需求。"

点评：

习近平总书记指出："以屠呦呦研究员为代表的一代代中医人才，辛勤耕耘，屡建功勋，为发展中医药事业、造福人类健康作出了重要贡献。"[①] 屠呦呦多年艰苦奋斗、执着地进行科学研究，围绕国家需求，克服困难、一丝不苟，取得了令人瞩目的成绩。她始终怀着一颗忠于党和人民的赤子之心，无私奉献，砥砺前行，用科研工作的实际行动书写了优秀共产党员的光辉榜样。在她身上充分体现出共产党员"俯首甘为孺

---

① 《习近平书信选集》第一卷，中央文献出版社 2022 年版，第 73 页。

子牛"的奉献精神。她爱党爱国爱人民，服务大众、济世救人，艰苦奋斗、勇于创新的精神风范，是每一位共产党员学习的榜样。要学习屠呦呦这种埋头苦干、潜心钻研、坚韧不拔、持之以恒的工作作风，去掉浮躁、淡泊名利，始终围绕党和国家的需求脚踏实地勤奋工作。

*31.*杂交水稻之父

　　袁隆平是世界著名的杂交水稻专家，被国际同行誉为"杂交水稻之父"。他以卓越的智慧和无私的奉献，书写了农业科技史上的辉煌篇章，不仅解决了中国人的粮食问题，更为全球农业发展提供了宝贵的经验和启示。

　　袁隆平出生于北平协和医院，1953 年从西南农学院遗传育种专业毕业后，被分配到湖南安江农校工作任教。三年困难时期，饥饿像乌云一样笼罩在人们头上。30 岁的袁隆平看到饥饿的人们，到处寻找树皮和野菜充饥。他立志通过农业科技创新，提高粮食产量，让人们吃饱饭。袁隆平意识到，想要从根本上改变农村低产缺粮的状态，只有培育出真正高产的水稻种子才行。至此，袁隆平开始尝试研究水稻。

　　1960 年 7 月的一个下午，在安江农校的一丘早稻试验田里，一株形态特异的水稻引起了袁隆平的注意。这株水稻穗子又大又整齐，籽粒很饱满，如"鹤立鸡群"。他如获至宝，将水稻的种子保存下来，第二年继续种在田里，但性状发生了分离。不但高的高，矮的矮，抽穗时还早的早，迟的迟，竟没有一株比原来的单株好。他根据遗传学的观点，推断这必是一株杂交稻无疑。反过来推论，前一年那株"鹤立鸡群"的稻株正是杂交后代，才有如此优势。为什么不通过研究杂交水稻来培养优良品种？从此，他坚定了研究杂交水稻的方向，确定从研究水稻的雄性不育开始。

　　每到稻穗成熟的季节，袁隆平就像长在了稻田里，他手拿放大镜，一垄垄、一穗穗地筛查稻穗，希望找到天然的雄性不育水稻。1964年盛夏的一天，在检查14万株稻穗后，袁隆平终于发现了第一株天然雄性不育株。其后两年里，袁隆平又先后检查了几十万株稻穗。在4个品种中找到了6株适合杂交的水稻，拿着这6株"宝贝"，他做起了杂交水稻培育试验。经过两年手工做杂交试验和观察，他确定水稻中的确存在杂种优势。1966年，袁隆平发表了一篇《水稻的雄性不孕性》的论文，阐述了通过"三系"利用水稻杂种优势的可能性，及可以实现大幅度增产的前景。

为了尽早培育出合格的雄性不育水稻，袁隆平带着两位助手，辗转湖南、云南、广东、广西、海南开展南繁。从1964年到1969年，袁隆平和助手们用1000多个水稻品种与不育水稻做了3000多个杂交试验。然而，研究陷入了困境，他们没培育出不育株和不育度均达100%的不育水稻，意味着试验是不成功的。因而，周围的人对他的研究产生了质疑。在查阅大量资料后，袁隆平意识到，应拉开研究材料亲缘关系的距离，拓宽使用的种质资源，搞野生稻。就这样，袁隆平带着两位助手，在当年秋天就赶到了海南岛，开展南繁，并寻找野生稻。

1970年11月23日，奇迹出现了，袁隆平的助手发现了一株形态异常的野生稻，袁隆平高兴地将它命名为"野败"。经过试验，杂交水稻试验的突破口打开了。第二年，经由"野败"杂交培育的后代达到了100%不育，研究取得很大进展，特别是用"野败"不育材料杂交育成的水稻，移栽到水田里，长势十分喜人。可就在人们准备迎接丰收的时候，却意外地发现，试验田里的稻谷根本没有增产，稻草倒是比平时多了七成。有人冷嘲热讽，说他们的试验田是"长草不长谷"，可惜人只吃米，不能吃草。外界纷纷开始指责袁隆平，甚至让他停止对杂交水稻的研究。

面对质疑和嘲讽，袁隆平并没有去争辩什么，而是进行了思考，总结经验，改进配组，把水稻的杂种优势发挥到稻谷上。之前是因为经验不足，把优势发挥在稻草上了。1974 年，袁隆平培育出了第一个强优势组合"南优 2 号"，小面积种植后，亩产当年就突破了 600 公斤，产量几乎超出了常规水稻的一倍。之后 2 年，"南优 2 号"大面积推广应用，增产幅度达 20%。仅 1976 年就种植了 208 万亩，增产稻谷约 3 亿公斤。面对成功，袁隆平没有止步不前，他依然在不断追求水稻的高产。2011 年 9 月，由袁隆平亲自指导的超级杂交稻试验田进入丰收季，农业部专家组对"Y 两优 2 号"水稻验收测产。测产的结果，达到了中国超级稻第三期目标，大面积示范亩产 900 公斤。

从 2000 年到 2016 年，由袁隆平领衔的团队共实现了亩产 700 公斤、800 公斤、900 公斤、1000 公斤、1067 公斤的超级稻攻关五期目标。

袁隆平说，他的心中有两个大梦想：第一个梦，叫作禾下乘凉梦，他梦见试验田的水稻，长得比高粱还高，穗子有扫帚那么长，籽粒有花生米那么大。他很高兴，就坐在他的稻穗下乘凉。第二个梦，叫作杂交水稻覆盖全球梦。

为了实现梦想，袁隆平 60 年多呕心沥血，半个世纪苦苦追寻。不仅为解决中国的粮食问题，更为解决世界饥饿和贫困问题作出了巨大贡献。如今，被外国人誉为"东方魔稻"的中国杂交水稻，已先后在亚洲、非洲、美洲等 40 多个国家和地区试验示范，其中 10 多个国家已经开始商业化种植，年种植面积达 1.2 亿亩。

2019 年 9 月 29 日，经中共中央批准，中华人民共和国国家勋章和国家荣誉称号颁授仪式在人民大会堂隆重举行。为表示袁隆平对中国粮食安全、农业科学发展和全球粮食产量增长所作出的贡献，授予他"共和国勋章"。

2021 年 5 月 22 日，袁隆平院士永远地离开了我们。但他留下的不仅是高产的杂交水稻，更是一种坚韧不拔、勇于创新、无私奉献的精神。他就像一盏明灯，照亮了无数科研工作者前行的道路；他更像一座不朽的丰碑，永远矗立在人们心中。

点评：

习近平总书记指出："袁隆平院士的团队发明了杂交水稻，促进中国粮食亩产提升到八百公斤以上，不仅为中国解决十三亿多人口吃饭问题作出了突出贡献，而且推广到印度、孟加拉国、印度尼西亚、巴基斯坦、埃及、马达加斯加、利比里亚等众多国家，使那些地方的水稻产量提高百分之十五至百分之二十，为人类保障粮食安全、减少贫困发挥了重要作用。"① 袁隆平院士不畏艰难、甘于奉献、呕心沥血、苦苦追求，一生致力于杂交水稻技术的研究、应用与推广，创建了超级杂交水稻技术体系，为我国粮食安全、农业科学发展和世界粮食供给作出了杰出贡献。袁隆平热爱祖国、一心为民、造福人类的崇高品德，与时俱进、勇攀高峰的创新精神，不畏艰险、执着追求的坚强意志，严以律己、淡泊名利的高尚情操，永远值得中国人学习。

① 《习近平关于国家粮食安全论述摘编》，中央文献出版社 2023 年版，第 45 页。

32. 披肝沥胆，医者仁心

吴孟超是我国肝脏外科的开拓者和主要创始人、国际肝胆外科的著名专家，被誉为"中国肝脏外科之父"。吴孟超的"披肝沥胆，医者仁心"不仅是医术的象征，更是大医精诚精神的体现。他身上这种对医学的无限热忱和对患者的无私奉献，赢得了无数人对他的崇敬与敬仰。

20 世纪 50 年代初，国内肝癌防治领域一片空白。身为外科医生的吴孟超开始向肝脏外科领域进军。经过成千上万次解剖实验，1957 年，吴孟超等"三人小组"首次提出肝脏结构"五叶四段"解剖学理论，中国医生从此找到了打开肝脏禁区的钥匙。吴孟超主刀实施了我国第一例肝脏肿瘤切除手术，首创"常温下间歇肝门阻断切肝法"，使肝脏手术成功率一下子提高到 90% 以上；成功实施了世界上第一例中肝叶肿瘤切除手术，成为肝脏外科史上一座新的里程碑；最早提出肝癌治疗的"二期手术"概念……一步步将中国的肝脏外科提升至世界水平。

吴孟超把医学看作是一门"心灵温暖心灵的科学"。他每次接诊，都对病人亲切微笑，聊聊家常，拉近与病人的距离。冬天查房，他总是把自己的手捂热，再去触摸病人的身体，还常常用自己的额头去感觉病人的体温。做完检查，他也不忘为病人拉好衣服，还摆好床下鞋子。每年大年初一，他都会到床边，给住院的病人一一拜年，送上新春祝福。年逾九旬的他还坚持开设"星期二门诊"。他倡导规范化医疗，不给病人重复做检查，在同等疗效下，处方只用对的，不用贵的。[①]

从医 70 年来，吴孟超救治了 16000 多名患者，完成了一例例教科书般的经典手术。1975 年，安徽农民陆本海挺着像孕妇一样的大肚子前来求诊。经过 12 个小时手术，吴孟超大汗淋漓地给他切下一个重达 18 千克的瘤子，至今还是世界上最大的肝血管瘤切除术。

2004 年，北京大学一女学生挺着如篮球般大小的肚子，来到上海某医院就诊。一番检查后，医生们纷纷面色凝重，皱起眉头。女生病得太重了，她在被称为"人体禁区"的中肝叶上，长了肿瘤，而且肿瘤异乎寻常地大。由于手术风险太大，当时在场的绝大多数医生，都沉默不语。他们望着面前的花季女孩，倍感可惜和无奈，谁都不知该如何告诉她和她的家人，这个手术很难做。一家人见状，陷入绝望。因为在此之前，尽管女孩的母亲已筹措够了手术资金，却仍被多家医院拒收。如果连这家医院也无计可施，那她就彻底失去了活下去的可能。就在这时，时任医院院长的吴孟超，率先打破沉默："这个是良性的，还是可以做的。"一句话，现场哗然，所有主治医生面面相觑，唯有病人和家属连道感谢。在女孩被安排住院后，有人劝阻道："吴老，您早就功成名就了，该享享清福了，万一有闪失，会晚节不保。"吴孟超听后，平静地笑着回答："算什么？我不过就是个吴孟超吧？算啥？"在反复观察患者身体指标、研判病情后，时年 82 岁的吴老，毅然决定站上手术台。在吴老心中，比起个人名誉，一个花季女孩的生命更加重要。

吴孟超说，医院是治病救人的，解决看病难、看病贵的问题，医院和医生要从自己做起，千万不能把医院开成药店，把病人当摇钱树。我们是军队的医院，必须带个好头。吴孟超始终把全部精力奉献给肝胆事

[①]　方鸿辉：《肝胆相照：吴孟超传》，上海交通大学出版社 2013 年版，第 186 页。

业，把"勇闯禁区，勇于创新，永远争先，永不满足"作为毕生的信念。

在面对过去的 15000 多例肝胆危重病人时，吴孟超也总是这样，一次次冒着风险走上手术台，又一次次挽救了病人的生命。这一次，他依然坚信女孩的生命可以被延续，她还有大把的时间，可以好好学习，回报社会，享受人生。做手术那天，无数媒体都在等消息，人们忐忑不已——这场手术会成功吗？另一边的手术室里，82 岁的吴孟超，用他那双因常年握着手术工具而弯曲的双手，稳稳地握住手术刀，一下一下地切割着病灶。时间一分一秒地过去，手术室里一直充斥着紧张与压抑。人们看到耄耋之年的医学界泰斗级人物，始终保持站立，一站就是整整 10 个小时。终于，女孩的肿瘤被安全摘除，重达 9 斤。顷刻间，手术室里响起一片喝彩声，这位北大学子活了下来。她的母亲听到"手术成功"几个字时，喜极而泣，抓着吴老的手，久久不愿松开。①

医者仁心。凭借着这份时刻将病患放在首位的精神，吴老在一线活跃了 70 年，挽救了 16000 多人的生命。直到生命最后的时光，他还说："我已经 90 多岁了，还能做多久？我们要赶紧建立平台，借助平台快培养人才，快出人才。"99 岁，吴老带着满身荣光从这个世界离开了，可谓功成身退。吴老的一生，或许很少出现在大众的视野中，成为众星捧月的顶流。大多时刻，他都站在无影灯下，一次又一次与死神搏斗。可他却比任何顶流都值得被尊敬，因为他切切实实挽救了 16000 余人的生命，这些数字背后，是一个个差点失去孩子、父母、同胞的家庭，是一个个真正见证奇迹的美丽时刻。这些时刻时常闪烁在病患心间，照亮他们的前行之路，让他们在面对病魔时，多了一份抵御侵袭的力量，也让被治愈的病患怀揣治愈别人的愿望。

---

① 王宏甲、刘标玖：《吴孟超传》，华中科技大学出版社 2017 年版，第 289 页。

点评：

吴孟超用 90 余载春秋在无影灯下书写了"肝胆相照"的医学传奇，更以"医者仁心"的崇高境界树起了一座精神丰碑。在他稳若磐石的手术刀上，我们看到的不仅是精湛医术，更是一个共产党员对初心的坚守，一个医者对职业信仰的虔诚。吴孟超事迹犹如一面明镜，照见了作风建设中最本质的价值追求。作风建设不是空洞的口号，而是融入血脉的信仰；不是刻板的教条，而是知行合一的实践；不是阶段性的任务，而是永无止境的修行。当每个岗位都能以吴孟超为镜，常拭初心之尘，永葆为民情怀，我们定能在新时代续写更多"肝胆相照"的奋进篇章。

33.代中医人受誉

张伯礼，是立德树人的教育家、永攀高峰的科学家、笑容可掬的"张大夫"、忘我奉献的"人民英雄"……无论有多少重身份，张伯礼始终铭记自己的第一身份是共产党员，第一职责是为党和人民工作。

1982年从天津中医学院取得硕士学位后，张伯礼成为一名教师。他对学生的要求是"坐下来能看病，站起来可演讲，闭上眼睛会思考，进实验室能科研"。他在学术上的严谨苛刻总是能让他的学生记忆深刻，"毕业论文不但文字要修改，逻辑关系要修改，甚至标点符号也要修改"。2002年，他成为天津中医学院院长。在教学领域提出了很多新主张。他提出品德、能力、中医思维"三位一体"的教育理念；他还特别鼓励师生间对病例的分析讨论，创建了"基于案例的讨论式教学——自主式学习联动"的教学方法，2009年获得了国家级教学成果一等奖。

张伯礼始终坚守共产党员的清廉作风。即使荣誉加身，他还是那个在校门口蹬着自行车排队买煎饼的老人，还是那个穿旧西装获得国家荣誉称号的"人民英雄"。这位老人说："我的工资够花了，所有获奖的奖金都用来培育学生，这钱就用在刀刃上了。"他先后捐出何梁何利基金奖、吴阶平医学奖、世界中医药贡献奖、岐黄贡献奖、树兰医学奖及各种科技进步奖奖金400余万元，在学校设立"勇搏"基金，奖励立志成才、品学兼优的学生，资助家庭经济困难的学生。他培养出的学生，遍布全国各地。

"中医药学是一个伟大的宝库，有很多精华需要去发掘。为了继承发扬祖国医学宝贵遗产，抢回丢掉的时间，我们要努力干，拼命地干。"张伯礼读书是"如痴如醉""如饥似渴"的。在天津中医药大学博物馆，保存着一份张伯礼1974年的笔记手稿，这本《常用汤头摘录》记录了他用过的名方、对药以及自己的临证体悟。据学生介绍，这样的笔记手稿和研究记录，可以装满几十个箱子。"中医药学虽然古老，但它的理念并不落后，与现代科技结合才能焕发新生。"他开启了中医药现代化的创新之路。他突破传统舌诊的目测局限，首次引入色度学与红外热成像技术，研发舌象仪等工具，推动中医诊断走向客观化。他提出"组分中药"理论，构建包含6万种中药组分的实体库，让中药研发从"经验试错"升级为"精准设计"。2014年，他主导的"中成药二次开发"项目获国家科技进步奖一等奖，揭示六味地黄丸等经典方的药效机理，带动中药产业产值增长超千亿元。进入古稀之年，张伯礼仍在探索。2025年，他参加国际络病学大会，盛赞络病理论创新，指出通心络、芪苈强心等研究"为中医药疗效提供了高级别证据"；启动"现代中医药新质生产力科技创新工程"，推动人工智能融入中药研发，打造数字化生产线，培育超10亿元产值的中药大品种。他说："数字中医是大势所趋，要让世界听见中医的强音。"

"宁负自己，不负人民！"在海拔4000多米的青海省海南藏族自治州共和县，面对患有淋巴癌的患者，他掏出兜里所有的钱，紧紧握住患者的手，嘱咐他不要中止治疗。无论多忙，一周三次的门诊雷打不动，是他对患者的承诺。出差在外，为了准时赶回天津出诊，他曾经在绿皮火车上站了一夜。"国有危难时，医生即战士。"2003年"非典"，他用一剂汤药为中医争取到了抗击"非典"的阵地。武汉抗疫时，他成为"无胆"英雄，却打漂亮了中医的阵地保卫战。

2020年1月27日，72岁的张伯礼临危受命飞赴武汉。面对混乱的发热门诊，他力主"必须建立中医药阵地"，提出"四类人员分类隔离"和"中药漫灌"策略，迅速遏制疫情扩散。2月12日，他率350余名中医专家接管江夏方舱医院，开创中医整建制抗疫先河。在这里，他推行"一条龙"疗法：中药汤剂配合针灸、八段锦，甚至组织患者打太极拳。26天内收治564名患者，实现"零转重、零复阳、零感染"，这一成绩成为全球抗疫的"中医范本"。

高强度工作下，他胆囊炎发作却坚持带病指挥，直到2月19日被强制手术。术后仅3天，他拉高外套拉链遮掩病号服，继续参加视频会议。面对担忧，他笑言："肝胆相照，我把胆留在武汉了！"这段经历被写入全国中小学生的"开学第一课"，他动情地说："胆虽没了，但决断的勇气要留下！"方舱休舱时，他写下《归辞》："山河春满尽滁殇，家国欢聚已无恙。"但抗疫远未结束。他推动建立康复驿站，研发"康复一号"等中药方剂；火线收徒11人，在武汉留下"带不走的中医队伍"。"指导中医药全程介入新冠救治，主持研究制定的中西医结合治疗法成为中国方案的亮点，为推动中医药事业传承创新发展作出重大贡献。"这是他获得"人民英雄"国家荣誉称号时，国家对他的认可。当"人民英雄"称号授予他时，他哽咽道："这份荣誉属于三千年中医智慧和全体抗疫战士，我只是一朵浪花。"

点评：

大医精诚映照时代风骨。张伯礼的故事，是一部中医药守正创新的奋斗史，更是一曲"宁负自己，不负人民"的奉献赞歌。他以"无胆"之躯彰显医者胆识，用"浪花"自喻诠释集体主义精神，生动体现了共产党员"我将无我"的崇高境界。在作风建设层面，他捐奖金、守门诊、育人才的行动，正是"清正廉洁、服务群众"要求的鲜活注脚；他推动中医药现代化与国际化的实践，彰显了"守初心、担使命"的时代担当。面对荣誉时的自谦，更折射出"功成不必在我，功成必定有我"的胸襟。唯有将个人理想融入国家命运，方能书写无愧于时代的人生华章。

34.买无座车票去救人

他是院士，是战士，更是国士。作为呼吸内科专家、教授，他不仅医术高超，更是中国抗击新冠疫情的领军人物。在疫情最为肆虐的时刻，他毫不犹豫地站了出来，义无反顾地奔赴抗疫最前线。他以国士之姿，为民请命，与疫情展开殊死搏斗。他就是我们心中的抗疫英雄——钟南山。

2020年3月18日，钟南山院士奔波劳碌的身影，出现在广州市疫情防控新闻通气会上。在通气会现场，有张车票"惊喜"亮相。这张起点和终点分别是广州南站、武汉站，票价465.5元的无座二等动车票，是84岁的钟南山院士临危受命，于1月18日紧急"逆行"武汉的车票。这张普通但又不普通的车票，有着一个让人感动的故事。那时武汉疫情暴发，他劝别人没事不要去武汉，自己却匆匆登上了去武汉的高铁。84岁高龄白衣执甲，率先逆行。那天是星期六，钟南山从深圳抢救完相关病例坐高铁于下午刚回到广州，就接到通知赶去武汉。

钟南山回忆起坐餐车赶往武汉时的情景："我记得1月中旬，深圳已经出现了一些疫情。17日，我到深圳参与3个病人的会诊。18日上午正在开会的时候，突然接到了马上赶往武汉的通知。"钟南山说，此行去武汉是为了研判武汉的情况，因为自己年纪大了，"让我去武汉，是国家对我的信任！""火车票没了，飞机票也没了。"钟南山回忆道，由于正值春节，当天的机票已经买不到了，助手匆匆帮他回家收拾东西，直接到广东省卫健委会场跟他会合后，便赶往广州南站，挤上了傍晚 17 时 45 分开往武汉的高铁。春运期间高铁票紧张，临时上车的钟南山被安顿在餐车一角。"列车长很热情，给我们安排了座位。"一坐定，钟南山便马上拿出文件来研究。钟南山说，自己当时已听说一家 6 口中的 5 人到武汉探亲后得病，且这家人中有人没去过武汉却得病。他觉得这是个很危险的信号，带着"有没有可能人传染人"的疑问，他在火车上写下提纲。钟老明白，疫情就是命令，时间就是生命，因为祖国需要、人民需要、疫情需要，哪怕半夜抵达也一刻不能延迟。就是这张无座动车票，将他从广州带到了武汉。两天之后，钟南山院士作出科学精准的判断，发出了全国抗击新冠病毒的警报，为改变疫情局面、扭转事态的发展起到了关键作用。①

从钟南山院士 1 月 18 日逆行北上武汉开始，这位 84 岁的科学家，一直都奔波奋战在抗击突发公共卫生事件的第一线。19 日清晨，钟南山临危受命，担任国家卫生健康委高级别专家组组长，肩负起研判疫情的重任。他先后来到金银潭医院进行考察，与 ICU 医生进行视频交流，并深入当地疾控中心了解疫情详情。他还组织专家组开会讨论，并在 20 日奔赴北京向国家汇报情况。在短短的 3 天时间里，钟南山辗转多地，实地调研、组织专家讨论，向国家汇报情况。他的快速反应和及时研判为国家的疫情防控赢得了宝贵时间。在抗击新冠疫情的过程中，钟南山团队不仅开展了病毒溯源研究，成功分离出活毒株，还对全国范围内的新冠患者临床特征进行了深入研究。他们的发现揭示了医疗资源充足与否以及并发症与新冠患者临床特征的相关性，为正确认识新冠疫情和科学诊治提供了重要依据。

钟南山不仅是一位杰出的科学家，更是一位有着深厚医学背景和丰

---

① 张晓飞：《钟南山：大医大爱，国士无双》，《党建》2022 年第 7 期。

富临床经验的医学专家。他积极推动疫苗研发，不断探索新的治疗方式，始终秉持着科学家精神，致力于将最新研究成果转化为实际应对措施。他的专业知识和领导才能为中国的疫情防控作出了巨大贡献。正是这位 84 岁的老人，在疫情蔓延时挺身而出，以坚定的姿态和深厚的专业知识，为慌乱中的人们带来了镇定和希望。"医生看的不是病，而是病人。""当国家需要我，我责无旁贷。"钟南山以一句句直击人心的话，道出了医者仁心。①

这张无座车票，是一扇窗口。透过它，我们仿佛能感受到当时的紧迫，仿佛能想象出一位 80 多岁老人匆匆赶车的身影。这张无座车票，写满了责任感、使命感、紧迫感，展现着乘车人向险逆行的坚定决心，体现出其高尚的品格和勇于担当的精神，让我们看到了一个科学家浓浓的家国情怀和义无反顾的信念。纵然前路凶险，依然选择无惧无畏。这张无座车票，更是一个见证。关键时刻站得出来，危急关头豁得出去。这些要求就体现在一个个选择里、一个个行动中。借助这张无座车票，我们更加真切地感受到——什么是不畏艰险的勇毅，什么是挺身而出的担当，什么是视死如归的精神。

点评：

真正的担当，从不需要特等座的舒适；纯粹的奉献，永远以行动而非口号丈量。这种"若有战，召必至"的果决，正是作风建设中"对党忠诚"的生动写照。钟南山的无座车票，已然超越交通工具凭证的物理意义，升华为新时代作风建设的精神坐标。优良作风不是镁光灯下的

---

① 叶依：《钟南山的故事》，中国青年出版社 2021 年版，第 156 页。

表演，而是融入日常的修行；不是特殊时刻的突击，而是润物无声的坚守。当党员、干部都能像钟南山那样，在关键时刻"挤得上餐车"，在利益面前"守得住初心"，在工作之中"弯得下腰身"，我们必将凝聚起更为磅礴的奋进力量。这张泛黄的车票，终将在党的作风建设的长卷上，留下永不褪色的精神烙印。

35.淡泊名利，甘于奉献

黄大年，生前有著名地球物理学家、国家"863"环资领域主题专家、国家"千人计划"特聘专家、吉林大学地球探测科学与技术学院教授、博士生导师等许多头衔。他于 1958 年 8 月 28 日出生在广西南宁，1977 年考入长春地质学院，成为恢复高考后的首届大学生之一。1982 年大学毕业之后留校任教，继续读研究生深造。1992 年，他获得了"中英友好奖学金项目"的全额资助，前往英国攻读博士，主攻地球深部探测技术研究。4 年后，他以排名第一的成绩获得利兹大学地球物理学博士学位。随后，进入英国知名公司，担任高级研究员 12 年，成为航空地球物理研究领域享誉世界的科学家。

2009 年，黄大年收到一封时任吉林大学地探学院院长刘财的邮件，邮件内容是关于国家"千人计划"从海外引进高层次人才回国创新创业的材料。得知这个消息后，黄大年心潮澎湃，毅然决然地放弃国外优渥的条件，在祖国需要他的时候，义无反顾返回祖国，与吉林大学正式签下全职教授合同。

回国之后的黄大年以高度的责任感和使命感，争分夺秒推动科研进展、人才培养。为了赶超世界一流，他惜时如金、夜以继日，出差常订最晚的一班飞机，为的是不耽误白天的工作。有一次，他在出差的飞机上突发胃部疼痛抽搐，一度进入休克状态，醒来后他跟空姐说的第一句话是："如果我不行了，请把我的电脑交给国家，里面的资料很重要。"黄大年用无私奉献、勇于担当的实际行动，将对祖国最深沉的爱融入科研事业。此外，黄大年还有"科技疯子"这个外号，可见他对科研事业的执着与痴迷。他说："中国要由大国变成强国，需要有一批'科研疯子'，这其中能有我，余愿足矣！"①这种"科研疯子"精神除了表现在科研事业上，还体现在教书育人上。他回国后不久，就主动担任"李四光实验班"本科班班主任，执教期间的黄大年在学生心中是"严师慈父的长辈""推心置腹的朋友"，不是"高高在上的学术权威"。他言传身教、为人师表，在教育科研岗位上甘于奉献。

黄大年曾说过："作为中国人，无论你在国外取得多大成绩，而你所研究的领域在自己的祖国却有很大的差距甚至刚刚起步，那你都不是真正意义上的成功。"从这句话可以看出，黄大年把世人眼中所谓的名利看作是"小我"的成功，如果能以己之长帮助国家在自己所涉足的领域快速拥有国际竞争力，进而赶超世界先进水平，这才是真正意义上的成功。正是因为有这样的信念，黄大年在祖国需要他的时候，才能够义无反顾地舍弃国外优厚的科研和物质生活条件回到祖国的怀抱；才能够在身兼数职、手握上亿元资金项目的时候，从不考虑个人私利；才能够面对荣誉头衔总是推辞——学校几次催他抓紧申报院士，他都婉拒："先把事情做好，名头不重要"。他关心的重点一直都是如何把国内科研引领至国际先进水平，才能够做到夜以继日、不顾病痛、只争朝夕，带领科研团队突破国外高精度探测装备技术的封锁，推动中国真正进入"深地时代"；才能够做到在病床上打着吊瓶改方案，给学生答疑解难，他想为国家多培养一些人才、一些拔尖人才。可见他的人生词典里少名利，多奋斗与奉献。

---

① 姚湜：《黄大年：为中国"巡天探地潜海"填补多项空白》，《新华每日电讯》2024 年 9 月 26 日。

2010 年开始，黄大年先后担起国家深地计划中"深部探测关键仪器装备研制与实验"项目和"863"计划"高精度重力测量技术"项目科研重任，刻苦钻研、勇于创新，取得了一系列重大科技成果，为我国巡天探地、潜海铺路锻造利器，甚至有一些成果已达到国际领先水平。

2017 年 1 月 8 日，黄大年不幸因病去世，年仅 59 岁。

2017 年 5 月，习近平总书记对黄大年同志的先进事迹作出重要指示，号召全国向他学习。"我们要以黄大年同志为榜样，学习他心有大我、至诚报国的爱国情怀，学习他教书育人、敢为人先的敬业精神，学习他淡泊名利、甘于奉献的高尚情操，把爱国之情、报国之志融入祖国改革发展的伟大事业之中、融入人民创造历史的伟大奋斗之中，从自己做起，从本职岗位做起，为实现'两个一百年'奋斗目标、实现中华民族伟大复兴的中国梦贡献智慧和力量。"① 这一重要指示，既是对黄大年崇高精神的一种高度评价，也是对广大知识分子的一种勉励与要求，激励着我们要以黄大年为榜样，积极学习他淡泊名利、甘于奉献的高尚情操。

点评：

心有大我、至诚报国，教书育人、敢为人先，淡泊名利、甘于奉献，这 24 个字既是对黄大年一生事迹的高度概括，更是习近平总书记对广大知识分子的重托。黄大年为党和国家的教育、科研事业奋斗到生命的最后一刻，用自己短暂却光辉的一生，生动诠释了新时代知识分子淡泊名利、甘于奉献的崇高作风。作为党员领导干部，要以黄大年同志

---

① 《习近平关于社会主义精神文明建设论述摘编》，中央文献出版社 2022 年版，第 194 页。

为榜样，做到心存淡泊，不谋私利，要时刻牢记全心全意为人民服务的根本宗旨，做到心系于民、责为民尽、利为民谋、绩为民创，坚持党和人民的利益高于一切，个人利益要服从于党和人民的利益，时时处处想群众之所想、急群众之所急；要敢于担当、立足岗位、敬事敬业、尽职尽责，扛起应有的担当和使命，做"信念坚定、为民服务、勤政务实、敢于担当、清正廉洁"的领导干部。

36.燃灯校长

张桂梅是云南丽江华坪女子高级中学校长、儿童福利院院长，她曾获得全国三八红旗手标兵、全国优秀教师、五一劳动奖章、七一勋章等多项荣誉，让2000多名女孩走出贫困大山的先进事迹感动了很多人，但关于她勤俭节约的故事，知道的人却并不多。

2020年，在一次接受采访时，她被人扶着走到桌边，从装着十几盒药的塑料袋里，拿出药盒打开，抠出药片，一把倒进嘴里，再端起水杯仰头喝水……这些动作张桂梅熟悉得像是做过几千遍。有4颗白色药片，她喝了2次水才咽下去。她说："现在就是看病最花钱。"她被查出全身上下有30多种疾病，"之前是抢救花得多。今年在昆明检查，花了两万多。"她心疼这些钱。当时去昆明，是云南省教育厅邀请她参加活动。有同事劝她，别再穿黑衣服了，上镜不好看。她翻遍衣柜，只找到一件格子衬衫，还是几年前买的。多年的病痛和辛劳，让当年130斤的张桂梅瘦到不足100斤，衣服已经不合身了，穿着直晃荡。"不管了，我就穿这件上台发言了。"这几年，她给自己买过最贵的衣服只花了20多块钱，女高学生花100来块钱给她买了一双鞋，她嫌贵。"上一百块钱就叫贵。穿什么不是一样，花那么多钱做什么。有那点钱，我花在学生身上多好。"她没买房，一直住女高宿舍，和3个学生一起，睡着和大家一样的铁架上下铺，学生宿舍门口第一张床就是张桂梅的。有人问她，为什么不花钱买张舒服点的床时，她回答道，躺哪儿不是睡。为了省钱办校，她曾经一天只花3块钱生活费。她晚饭常常只吃一块饼，中午就在福利院里简单吃点。她办公室里常备小面包，饿了就撕一小片垫垫肚子。

多年来，她从来没有在学校报销过餐费、差旅费。校长办公室的桶装水还是她自己掏钱买的。认识张桂梅的人都知道，她在大山里的女孩和育幼院孩子身上花钱，从来不手软。买高三模拟题花了32万元，她说，只要学生成绩能提高就值。2020年，华坪女高高考成绩综合排名全丽江市第一，张桂梅却说她不满意，盼着能有学生考上清华北大，而且不是降分录取，要她们自己凭实力考进去。

2020年8月下旬，华坪女高新一届高一学生160人开始参加军训。有学生向她抱怨训练太累，哭着想回家。她劝了半天，孩子最后说想喝饮料。十几块钱的烧仙草，全校500多个学生一人一杯，她请了。晚上回到宿舍，和她一起住的学生嗔怪她，5000多块钱眼都不眨就花出去了："你太宠这些小师妹了。"她说，因为答应了孩子不能反悔，吃到孩子肚子里就没浪费。她也是想把新来的孩子们稳住，安心留下来学习，感到学校就是家，想吃什么就有什么。

"让她们自信，觉得自己比谁都不差。"说到她的学生，前一刻因为病痛靠在床头的张桂梅坐直了身子，"我要给大山里的姑娘一个尊严。"孩子们的校服，是她这几年花钱的大头。她劝人不要给孩子们捐旧衣服。经过清洗消毒，衣服穿不了几次就破了。她觉得邮费贵，浪费可惜。其实，她还有别的顾虑："人都是有自尊心的。原来是没办法，我鼓励她们穿旧衣服。现在一件衣服才20来块钱，我买得起了。孩子知道自己穿的是新衣服，不是捡的旧衣服，她心里是不一样的。"

宠归宠，她对学生的管教很严格。已经当上派出所民警的学生陈法羽说，在华坪女高吃饭，吃多少自己打多少，不许浪费，用水有固定的时间段。校服不小心勾破了，简单缝一缝就继续穿。"质朴"二字，写进了华坪女高的校训。"因为我反对浪费。钱不是天上掉下来的，要知道赚钱的辛苦。希望她们保持家里农民的风格，那种东西丢了可惜了。"张桂梅说。这些年，张桂梅把自己的工资、奖金、捐款等 100 多万元，全都捐了出去。总工会给她慰问金，她一分不要，过年时一人 1200 元给了女高老师。有人送她新衣服，她转身送给了女高和育幼院的孩子，甚至是学生家长。大雪天去家访，看到学生和家长穿得单薄，她马上脱下棉衣，还让身边的人把棉衣脱下来，留给了这一家人。提起把去世丈夫留下的唯一一件毛线背心给了生病的学生，她有点黯然神伤，但却说："放那里也是放着。纪念死人不如给活人解决问题。"她希望那个孩子永远不知道这件事。张桂梅每天最多睡 4 个多小时，5 点钟就起床，是全校起床最早的人。为的是给学生们摁亮下楼梯的路灯，只因为以前有孩子在那里摔过跤。有学生突然生病被送去医院，她就担心得整宿睡不着，"等接到老师报平安的电话，我一看天已经亮了。"[①]

张桂梅是全家最小的孩子，结婚前有哥哥姐姐宠，结婚后有丈夫宠。在喜洲时，她常下馆子，曾拿着 4000 块钱去成都，只是想吃顿豆花。而现在她却说，希望把人生奢侈的那一段省略掉，她想从一开始就和她的孩子们一起吃苦。2007 年张桂梅当选党的十七大代表，县里考虑她得改善形象，拨款 7000 元给她买衣服，结果，她却用服装费买了几台电脑，添置给了工作的学校，穿了一条破洞牛仔裤去参加党的十七大。2018 年她曾病危，那时候，她曾向县长提出想预支她的丧葬费用在孩子们身上。

类似的事情，在张桂梅身上还有很多很多，她就像一根蜡烛，燃烧

---

① 周振华：《张桂梅：钱花在自己身上舍不得，花在学生身上舍得》，中央纪委国家监委网站，https://www.ccdi.gov.cn/toutiaon/202008t20200827_97984.html。

着自己，照亮着学生们的未来。

点评：

　　勤俭节约展现的是道德精神力量，一个不讲勤俭节约精神的社会难以长治久安。习近平总书记强调："要坚持全面从严、一严到底，对群众反映强烈的公款吃喝、餐饮浪费等歪风陋习露头就打、反复敲打。"[①]党员、干部要坚守初心使命，始终注意勤俭节约，自觉锤炼廉洁从政的政治品格，争做勤俭节约的践行者和示范者；要以张桂梅校长为榜样，始终把厉行勤俭节约、反对铺张浪费作为贯彻中央八项规定的重要举措来抓，坚决抵制享乐主义、奢靡之风，让勤俭节约、珍惜粮食内化于心、外化于行，努力使厉行节约、反对浪费在全社会蔚然成风。

---

① 《习近平关于国家粮食安全论述摘编》，中央文献出版社 2023 年版，第 110 页。

37.把青春和生命献给脱贫事业

　　为了打赢脱贫攻坚战，全国有 300 多万名干部奔赴农村和山区，担任第一书记和驻村干部，1800 多人牺牲在一线。他们把自己火热的心、赤诚的爱，交付给了自己驻守的土地，在最穷苦的地方坚守初心，扎根奋斗，用青春的热血点亮了万家灯火，让这点点火光连接成了新时代光的海洋。黄文秀是广西百色市乐业县新化镇百坭村的第一书记，她将青春和生命献给了脱贫攻坚事业，是脱贫攻坚一线挥洒汗水、忘我奉献的新时代青年党员干部的优秀代表。

　　2018 年 3 月，黄文秀初到百坭村的第一件事就是到贫困户家摸底。该村建档立卡贫困户分散居住在不同的山上，村里基础设施落后，村民思想保守，贫困发生率高达 22.88%。为了尽快了解村情，她用了 2 个月时间，走遍了全村 195 户贫困户，详细记录每户的家庭情况、致贫原因和脱贫需求。她每天早出晚归，挨家挨户走访。有时贫困户不在家，她就去田里，边帮他们干农活边聊天；有的贫困户不会说普通话，黄文秀就学着说当地方言。在她的日记里，有这样的文字："我发现我的方言进步了，可以和贫困户完整用桂柳话交流了。"她随身携带的笔记本上，密密麻麻地记满了村民的困难和诉求。起初，村民对这个年轻的女书记持怀疑态度，但她的真诚和耐心逐渐打动了大家。"你这个女娃娃还真是难缠得很哩！"听到这样的玩笑，黄文秀很开心。就这样，村民们慢慢接受了她。①

黄文秀深知，产业是脱贫的关键。百坭村气候湿润，沙质土壤适合砂糖橘生长，抓产业富民，首选砂糖橘。可村民缺少技术，看天种，靠天收；交通不便，销路不畅……要把砂糖橘产业做大做强，就得找好带头人，打通销售渠道。和村干部合计了砂糖橘产业的发展前景后，带领全村人脱贫的路线图在黄文秀心中清晰起来。

黄文秀联系农业专家，为村民提供技术培训，并争取到扶贫资金，帮助村民购买种苗和肥料。她还带头成立合作社，鼓励村民以土地入股，共同发展产业。黄文秀利用自己的专业知识，组织村民学习电商知识，帮助村民通过电商平台销售农产品。她还联系云南、贵州等地的大果商进村收购，建立稳定的销售渠道。经过努力，2018年百坭村砂糖橘大丰收，产量高达90万斤，全村村民收入达200多万元。除了砂糖橘，黄文秀还带领村民养殖土鸡和蜜蜂，形成多元化的产业格局。她常说："只有产业多了，村民的收入才能稳定。"

2018年7月，看到百坭村基础设施落后，严重制约了村民生产生活，黄文秀积极争取资金，改善村里的基础设施。百坭村的道路多为泥巴路，雨天泥泞不堪，村民出行困难。黄文秀多方奔走，争取到资金，为村里修建了22公里长的硬化路。村民黄美线说："以前卖砂糖橘要靠人背马驮，现在路修好了，车可以直接开到地里。"村里没有路灯，晚上一片漆黑，黄文秀争取资金，为村里安装了47盏路灯，方便村民夜间出行。村民韦乃情说："有了路灯，晚上走路再也不怕摔跤了。"看到部分村民饮水困难，黄文秀推动修建了蓄水池，解决了村民的饮水问

---

① 刘华新、庞革平、李纵：《用生命诠释初心和使命——记抗洪中牺牲的广西乐业县驻村第一书记黄文秀》，《人民日报》2019年6月23日第1版。

题。她还组织村民清理水渠，改善灌溉条件。

2018年底，通屯路、硬化路连接起了4个屯的家家户户，两个屯的夜色第一次被47盏路灯照亮，4座蓄水池建起来了，村民的腰包也鼓起来了。

作为一名党员干部，黄文秀始终扎根群众、心系群众。她特别关注村里的孤寡老人和留守儿童，用实际行动传递党的温暖。百坭村村民黄仕京家曾因学致贫，两个孩子读大学，黄文秀帮他的孩子申请了"雨露计划"。黄仕京曾问过黄文秀来山村工作的原因，黄文秀说："百色是脱贫的主战场，我有什么理由不来呢？我们党是切实为群众谋发展谋幸福的党，我是一名共产党员，这就是我的使命。"黄仕京说："文秀书记就像我的女儿一样，总是惦记着我。"村民黄妈南患有一级视力残疾，黄文秀每次遇见她都会牵着她的手，把她送到要去的地方；村民韦峰灵家3个孩子都在上学，负担重，黄文秀就帮孩子们申请"雨露计划"助学金……一件件，一桩桩，百坭村几乎每个人都能说上一两个和黄文秀有关的故事。

"黄文秀牺牲前的最后一个工作日，还在与我们开会讨论村里的工作。"百坭村党支部书记周昌战回忆道，当天村里一个灌溉200多亩农田的渠道被山洪冲断，黄文秀听到消息，第一时间带领村干部到现场查看，当晚组织大家商量如何抓紧维修、申请项目，解决群众急需解决的问题，还列出了任务清单。

"一个人要活得有意义，生存得有价值，就不能光为自己而活，要用自己的力量为他人、为国家、为民族、为社会作出贡献。"这份庄严承诺，黄文秀始终践行，直至生命最后一刻。2019年6月，百坭村连降暴雨。因惦记村里的防汛抗洪工作，利用周末回田阳老家看望做完手术不久的父亲后，黄文秀冒雨连夜返回，不料途中遭遇山洪，年轻的生命定格在 30 岁。

在黄文秀带领下，百坭村的贫困发生率从 22.88% 降至 2.71%，全村实现脱贫摘帽。村民们说："文秀书记虽然走了，但她留下的产业和精神，让我们过上了好日子。"

点评：

黄文秀用青春和生命诠释了共产党员的初心和使命。习近平总书记对黄文秀同志先进事迹作出重要指示，褒扬她用美好青春诠释了共产党人的初心使命，谱写了新时代的青春之歌，号召广大党员干部和青年同志要以黄文秀同志为榜样，不忘初心、牢记使命，勇于担当、甘于奉献，在新时代的长征路上作出新的更大贡献。新时代共产党员要落实好习近平总书记的重要指示精神，牢记肩负的责任，把黄文秀的精神传承下去，为实现中华民族的伟大复兴贡献力量。

38. 为保护试验平台挺身而出

2018 年 8 月 20 日，受超强台风"温比亚"影响，辽宁大连遭受罕见狂风暴雨，停泊在中国船舶集团第七六〇研究所南码头的国家某重点试验平台在巨浪的袭击下出现重大险情。在危急紧要关头，第七六〇研究所党委委员、副所长黄群等 17 名同志紧急前往码头抢险救援。在抢险过程中，黄群和第七六〇研究所国家某重点试验平台负责人宋月才、第七六〇研究所国家某重点试验平台机电负责人姜开斌不幸被巨浪卷入海中，英勇牺牲。他们用自己的英雄壮举和宝贵生命保证了试验平台及其保障人员的安全，是共产党员履职尽责、敢于担当、许党报国的先进典型。

2018 年 8 月 20 日晨，"温比亚"裹挟着狂风暴雨来势汹汹。中船重工第七六〇研究所码头，用于科研试验的国家某重点试验平台出现险情，首部 4 个缆桩因受力过大严重变形甚至断裂，缆绳脱落。对提升我国船舶多项核心关键技术水平具有重要意义的平台如脱缰的野马剧烈摇晃，一旦失控，后果不堪设想。黄群、宋月才、姜开斌等，一直在码头的值班室里关注平台状况。10 时 30 分许，在危急紧要关头，黄群、宋月才、姜开斌等 12 名同志，毫无惧色地挺身而出，冲过不时涌上码头的惊涛巨浪，踏过 300 多米长布满积水的码头，顶着令人视线模糊的暴雨，对试验平台进行加固。然而，身后更大的巨浪排空而至，将黄群、姜开斌两人卷入海中，其他人员立即抛绳救援。不幸的是，巨浪接踵而至，将正在施救的几名同志也卷入海中。随后，宋月才在掩护同志们撤退过程中，被巨浪吞噬。各方紧急施援，4 人先后被救起，而黄群、姜开斌和后来落水的宋月才壮烈牺牲。

试验平台，寄托着黄群、宋月才、姜开斌拳拳许党报国之心。2017年，黄群调入中船重工第七六〇研究所担任副所长，狠抓质量安全体系建设，使第七六〇研究所在集团公司质量考核中位居前列。他对待工作认真负责，为党和国家事业无私奉献，事发前一日还在办公室通宵值班。黄群的妻子在整理遗物时发现，调来第七六〇研究所的 480 多天里，黄群使用了 5 个笔记本，3 本大的都快记满了。在一篇学习党的十九大报告的体会中，黄群在标题上写道："牢记使命，勇于担当，为七六〇研究所高质量发展提供保障。"2018 年 8 月 15 日，就在牺牲的前 5 天，他还在新发的笔记本上工整地写下了完整的入党誓词。①"随时准备为党和人民牺牲一切。"8 月 15 日写下这句话，20 日，黄群用自己的行动作出了壮烈的诠释。

与黄群一起牺牲的，是两名海军退役军人：61 岁的宋月才，62 岁的姜开斌。他们大可安享晚年，但却依然选择尽责报国。

宋月才长期奋斗在祖国海防第一线，既是指挥员又是战斗员，身先士卒、亲力亲为。2017 年底，第七六〇研究所某重点试验平台需要一批经验丰富的技术人员，宋月才再次为党为国出征。2018 年 8 月 19 日，接到台风预警信息，宋月才和其他人一起，在原有加固缆绳的基础上，一次次给试验平台加固缆绳、钢丝，反复检查应对台风的各项工作，不断加固钢丝扣、调整缆绳松紧度。②面对狂风巨浪，宋月才坚持最后撤离，因体力不支被巨浪卷入海中，壮烈牺牲。宋月才以自身的壮举践行

---

① 欧阳嘉主编：《初心：优秀共产党人入党前后的故事》，研究出版社 2019 年版，第 256 页。

② 任初轩编：《榜样的故事：奋进新征程》，人民日报出版社 2022 年版，第 165 页。

了他在《入党志愿书》中的诺言:"坚决完成党交给的各项任务,为实现国防现代化贡献力量。"

2017 年底,年届六旬的姜开斌本可以安享晚年。然而,得知国家某重点试验平台需要专业人员的消息,姜开斌重新点燃年轻时干事业的激情。家人担心他年纪大了身体吃不消,不愿意让他再去吃苦受罪,他坚定地说:"祖国需要我,我应该去实现我的人生价值。"姜开斌后被聘请担任该试验平台机电长。他爱岗敬业、能力突出,以一名"老兵"的热忱和执着参与试验平台工作,把所掌握的专业知识和技能毫无保留地教给年轻同志,手把手地带出一支高水平的专业队伍,带领团队出色完成多项技术保障任务,以实际行动诠释了对党和国家的忠诚。

2018 年 9 月 27 日,中共中央追授黄群、宋月才、姜开斌 3 名同志"全国优秀共产党员"称号。习近平总书记对黄群、宋月才、姜开斌 3 名同志的壮烈牺牲作出重要指示,褒扬他们是"共产党员的优秀代表、时代楷模",勉励广大党员干部要以他们为榜样,坚定理想信念,不忘初心、牢记使命,履职尽责、许党报国。[①] 时光飞逝,英雄的精神已经化作航标,引领第七六〇研究所干部职工拼搏奉献,赓续传统,在新时代绽放出更耀眼的光芒。

点评:

挺身而出、许党报国,这不仅是我们党的优良作风,也是新时代中国共产党人的鲜明品质。危急关头,是迎难而上还是避险撤离?是勇往直前还是妥协后退?黄群、宋月才、姜开斌 3 名共产党员坚定选择挺身

---

① 李洪兴:《用信仰成就"大写的人生"》,《人民日报》2018 年 8 月 27 日第 5 版。

而出，危难时刻显担当。让他们义无反顾的，是共产党员甘于奉献的一腔热血、是共产党员以身许党的一片赤诚。广大党员、干部要以他们为榜样，勇于练就敢于担当作为的铁肩膀、抵制歪风邪气的硬脊梁、不怕艰难险阻的强心脏，以新时代的担当作为推动党和国家事业高质量发展。

39.为救火而捐躯的三十一位勇士

2019 年 3 月 30 日 18 时许，四川省凉山彝族自治州木里县雅砻江镇发生森林火灾。31 日下午，四川森林消防总队凉山彝族自治州支队指战员和地方扑火队员共 689 人抵达海拔 4000 余米的原始森林展开扑救。扑火行动中，因风力风向突变，突发林火爆燃，现场扑火人员紧急避险，其中 27 名森林消防指战员和 4 名地方干部群众壮烈牺牲。他们用鲜血和生命书写了对党和人民的无限忠诚，奏响了感天动地的英雄壮歌。

2019 年初，受干旱气候影响，四川省大凉山地区森林火灾频发。自春节过后，森林消防西昌大队的广大指战员，连续转战 16 个火场，扑灭火线 20 余公里。3 月 30 日深夜，刚刚回到队里休整不到一天，西昌大队又接到了新的火警。西昌大队紧急集结，连夜向发生火灾的凉山州木里县原始林区进发。41 名指战员行车 7 个小时，翻越山岭 6 个小时，到达海拔 3800 米的山头。火情就是命令，救援刻不容缓。31 日下午 3 点，西昌大队四中队指导员胡显禄先行带领一支 10 人小分队赶往山下烟点探查。第一队队员到达火场后，顶着高温炙烤，打灭了多个火点。同时，由西昌大队政治教导员赵万昆率领的第二分队和当地干部群众，正在紧急赶来增援的路上。就在这时，第一小分队突然发现了意外的险情。胡显禄发现还有烟往上冒，这意味着山崖下面有明火正准备燃烧。形势十分危险，胡显禄要求立马转移。然而，就在他们撤出没多远，风力突然加大，林火瞬间爆燃起来。大火随着上山风，迅速将整个山谷点燃。两个分队的消防队员瞬间被大火吞噬。在大自然的威力面前，土烧焦，树烧死，呼唤战友的声音一次次响彻山谷，没有回音。大火过后，人们发现了扑火勇士的遗体，27名森林消防指战员和4名地方干部群众不幸壮烈牺牲。这是一份沉重的名单：赵万昆、蒋飞飞、张浩、刘代旭、代晋恺、幸更繁、程方伟、陈益波、赵耀东、丁振军、唐博英、李灵宏、孟兆星、查卫光、郭启、徐鹏龙、周鹏、张成朋、赵永一、古剑辉、张帅、王佛军、高继垲、汪耀峰、孔祥磊、杨瑞伦、康荣臻、杨达瓦、邹平、捌斤、王慧蓉。他们是永远值得铭记的英烈！

在31名扑火勇士中，27人是凉山彝族自治州森林消防支队队员，其中有1名"80后"，24名"90后"，2名"00后"，他们的平均年龄只有23岁。他们当中有尚未结婚的青年，有刚刚结婚的新郎，还有上有老下有小的中年人。38岁的教导员赵万昆，是牺牲消防员中年龄最大的一位，也是唯一的"80后"。救灾前他刚给女儿买的古琴，还没等到女儿弹奏成曲的日子，就成了他给孩子最后的礼物。23岁的排长刘代旭，他的父亲也是一位消防员，算是继承了父亲的衣钵。牺牲前朋友还跟他相约聚会，如今只有"对方无人应答"的回复。22岁的新闻报道员代晋恺，他的梦想就是让更多人走进森林深处，了解战友们在和平年代的默默坚守，能看看他们脚底手心的血泡和满身烟尘站在青山里微笑。只是，来自他的火线照片再也不会有了。29岁的中队长蒋飞飞，妻子当时已经怀孕四五个月，可怜还未出生的孩子再也看不到爸爸了。29岁的中队长张浩，他的朋友圈记录了在火场行军的历程：连夜上山，通宵鏖战。29岁的孔祥磊已经入伍7年多，本来计划任务完成后，与女友结婚，可惜他没有等到这一天。26岁的汪耀峰，计划为父母在武汉买一套房子，但这个愿望永远也无法完成了。22岁的赵耀东，高中毕业后考到了天津的一所高校，后来保留学籍，应征入伍。原本9月退伍后，继续读大学，可是他没有等到这一天。20岁的张成朋，有一个暗恋3年的女孩，他将女孩灿烂的笑容藏在心里，可是这份表白再也没有机会说出口。只有18岁的王佛军，平时最喜欢拉着老兵讲火场故事，还说以后要把自己的故事也讲给新兵听，只是他不能讲故事了。

48岁的木里县林草局局长杨达瓦平时工作很忙，可是回家的时间再晚，82岁的老父亲也会坐在客厅里拨弄着念珠、转着经筒等他。可是这一次，他再也等不到儿子回家了。[①]

木里火灾，31名救火勇士牺牲，全国人民为之痛心。2019年4月2日凌晨，第一批转运的23具牺牲人员遗体由救护车运送至西昌市殡仪馆，早已等候在街道两侧的市民手里拿着菊花，哭泣着喊出："英雄，一路走好！"数百名退伍老兵，唱着军歌送别战友："祝这些战友一路走好，人民不会忘记你们。"4月4日上午，社会各界在四川省凉山彝族自治州首府西昌市，送别牺牲的31名勇士。西昌市和木里县降半旗，为烈士默哀。12月31日，习近平总书记在2020年的新年贺词中深切缅怀为救火而捐躯的四川木里31名勇士。[②]2020年5月，四川木里森林扑火勇士入选"感动中国2019年度人物"。《感动中国》组委会给予的颁奖辞为："青春刚刚登场，话语犹在耳旁，孩子即将出生，父母淹没于泪水。青山忠诚的卫士，危难的永恒对手，投身一场大火，长眠在木里河两岸，你们没有走远，看那凉山上的秋叶，今年红得分外惹眼。"[③]英雄永在，浩气长存！

---

① 朱波主编：《CCTV感动中国（2019）》，学习出版社2020年版，第35页。

② 《国家主席习近平发表二〇二〇年新年贺词》，《人民日报》2020年1月1日第1版。

③ 应急管理部新闻宣传司编：《2020年度应急管理好新闻获奖作品》，应急管理出版社2021年版，第5页。

点评：

消防是和平时代最危险的工作之一。然而，总有人矢志坚守，总有人用生命守护人间安宁。面对熊熊燃烧的大火，为了人民群众的生命财产安全，31名勇士义无反顾奔赴火灾消防最前线，他们不顾个人安危、把生死置之度外、全力以赴与无情肆虐的森林大火搏斗，他们用自己的热血赴汤蹈火、逆火而行，他们用自己的生命守护一方安宁。他们是奋不顾身的"逆行者"，在和平年代"负重前行"。为有牺牲多壮志，为国捐躯重如山。我们要牢记这31个被烈火淬炼过的名字，继续前行。

40. 坚持一辈子做好事

1958 年 6 月 7 日，雷锋在日记里写道："如果你是一滴水，你是否滋润了一寸土地？如果你是一线阳光，你是否照亮了一分黑暗？……我们不应该只是个无穷无尽的支付者。"

1959 年 11 月 4 日晚上 11 点多，雷锋正在鞍钢弓长岭矿山焦化厂调度室看书，听到从矿里开会回来的王师傅说，气象台预报今晚有大雨。陈调度着急地说："哎呀！焦炉工地上还散放着七千二百袋水泥呢！没有东西盖，得马上想办法组织人抢救水泥。"眼看国家财产就要受到损失，雷锋也非常着急，他想，抢救一袋是一袋，便马上跑向工地。雨已经下了起来，等到了工地，雨渐渐大了，现场找不到东西盖，他就把自己穿的衣服脱下来盖到水泥上，然后，赶快跑回宿舍，边找盖水泥的东西边喊人。一时找不到能用的东西，他伸手就把自己的被子抱了起来，拿到工地盖在了水泥上。雷锋还叫来 20 多位工人同志，组织了一个抢救水泥突击队，他们有的忙着找雨布、有的忙着找芦席，盖的盖、抬的抬。在参加抢救水泥的突击队员们共同努力下，终于把水泥全部盖好了。

1960 年 1 月参军入伍后，雷锋一贯关心同志，关心战友，经常把自己的藏书拿出来供大家学习，被人们称为"小小的图书馆"。他的同班战友乔安山文化程度低，雷锋手把手教他识字，学算术。战友小周的父亲得了重病，雷锋知道后，以小周的名义给他家里写信并寄上 10 元钱。小周的父母知道真相后，感动得不得了。战友小韩夜里出车，棉裤不小心被硫酸烧了几个洞。雷锋发现后，等小韩睡着了，把自己的帽子拆下来，一针一针地为小韩补裤子，半宿没睡。

1960 年初夏的一个星期天，雷锋肚子疼得很厉害，他去团部卫生连开药回来的路上，见一个建筑工地上正热火朝天地进行施工，原来是给本溪路小学（现名抚顺市雷锋中学）盖大楼。雷锋情不自禁地推起一辆小车，加入运砖的行列中去，直到中午休息，雷锋被一群工人围住了，面对大家，他说："我们都是为社会主义建设添砖加瓦，我和大家一样，只要尽了自己的一点义务，也算是有一份光发一份光吧！"这天下午，打听到雷锋名字及部队驻地的市二建公司组织工人敲锣打鼓地送来感谢信，大家才知道病中的雷锋做了一件好事，过了个特殊的星期天。

1960 年的一天，雷锋发现大街上到处红旗招展，锣鼓喧天，街上的人们正在庆祝望花区和平人民公社的成立，雷锋也不知道该怎么表达自己的喜悦。他没多想就跑到储蓄所，把自己的 200 元存款都取了出来，一路小跑送到望花区和平人民公社，找到领导："这是我对望花区人民的一点心意，请收下吧。"公社领导非常感动，对雷锋说："这怎么可以啊，你攒下这些钱不容易，还是留着自己用或者寄回家吧。"一听到"家"这个字，雷锋的眼眶湿润了。他激动地说："我已经没有家了，如今，部队就是我的家，人民公社就是我的家，我这些钱就是给家里用的呀。"在雷锋苦苦要求下，公社只好收下了其中的 100 元。同年 8 月，雷锋了解到辽阳遭受了特大洪水，雷锋又把仅剩的 100 元连同一封慰问信寄给了灾区的人民。辽阳市委给雷锋所在的部队发来一封感谢信，又把钱退了回来。后来河南省一个民办小学校遇到困难时，雷锋把 100 元全部捐了过去。

1961 年 5 月的一天，雷锋冒雨前往沈阳的路上，在大雨瓢泼中他隐约看到一位妇女怀里抱着一个孩子，手里还牵着另一个孩子，身上背着沉重的包袱，在雨中艰难前行。经过询问，雷锋得知这位大嫂刚从外地探亲归来，想要前往十几里外的樟子沟。她焦急地表示："同志啊，这场大雨让我迷失了方向，还有孩子要照顾，我真的不知道该怎么办才好。"雷锋毫不犹豫地将自己的雨衣披在大嫂身上，抱起那个大一点的孩子，冒着大雨朝樟子沟走去。他宁愿自己淋湿，也不愿让母子三人受一丝一毫的苦。经过两个多小时的艰难行走，他终于将她们安全送到了家。

雷锋从来不标榜自己多么好，他总是竭尽全力帮助别人，那时候有一句话："雷锋出差一千里，好事做了一火车。"很多人都以为，雷锋牺牲以后，他甘于奉献、助人为乐的事迹才传扬开来。实际上在雷锋生前，他就经常作为部队典型，到处参加活动。他是"明星"标兵，经常会有人采访他。

翻开雷锋的日记本，里面记录的内容没有一件惊天动地的大事，都是小事，但一个人能继续不断地做小事，而且都是好事，本身就非常了不起。

2018年9月28日，习近平总书记在抚顺市参观雷锋纪念馆时指出："雷锋是时代的楷模，雷锋精神是永恒的。实现中华民族伟大复兴，需要更多时代楷模。我们既要学习雷锋的精神，也要学习雷锋的做法，把崇高理想信念和道德品质追求转化为具体行动，体现在平凡的工作生活中，作出自己应有的贡献，把雷锋精神代代传承下去。"[1]

60多年花开花谢，雷锋之名成为丰碑；60多年日新月异，雷锋精神历久弥新。实践证明，无论时代如何变迁，雷锋精神永不过时。

---

[1] 《习近平关于社会主义精神文明建设论述摘编》，中央文献出版社2022年版，第152页。

点评：

雷锋，一个家喻户晓的名字，他用自己短暂而光辉的一生，诠释了什么叫作一辈子做好事。雷锋离开我们已经60多年了，但他一辈子做好事的事迹和精神影响了一代又一代人。在新时代以中国式现代化全面推进强国建设、民族复兴伟业的伟大历史进程中，每个党员、干部必须始终牢记党的初心使命，大力传承和弘扬雷锋精神，将雷锋无私奉献、助人为乐的精神在新时代熠熠生辉，共同照亮中华民族伟大复兴的前行之路。

*41.*扎根边疆的医生

1973 年冬，18 岁的四川青年庄仕华入伍来到新疆玛纳斯县新湖农场。在零下 40 摄氏度的寒夜里，他经历了人生中第一次深刻的挫败：几位牧民抬着昏迷病人冲进卫生所求助，但身为卫生员的他因医术不足，只能眼睁睁看着牧民们失望离去。那一夜，他蜷缩在煤油灯下，咬破嘴唇立誓："绝不再让这样的遗憾重演！"

为融入边疆生活，他苦练骑马技术，摔得满身淤青仍坚持；为与牧民沟通，他自学维吾尔语，甚至在巡诊包里常备盐巴——因为他深知偏远牧区物资匮乏。1977 年，他以优异成绩考入第四军医大学，却在毕业时放弃留校机会，在志愿书上写下："新疆人民需要我，我要回去报恩！"这一抉择，让他的命运与天山南北的百姓紧紧相连。

1992 年，当腹腔镜技术刚引入中国时，庄仕华敏锐意识到这对胆结石高发的新疆意义重大。在北京学习期间，他面对复杂的人体解剖模型，灵机一动买来葡萄模拟练习。每天下班后，他手持手术钳反复剥离葡萄皮，果肉破损就从头再来。整整 30 串葡萄的"牺牲"，他终于掌握了毫米级精准剥离技术。

1993 年，他带领团队完成武警部队首例腹腔镜胆囊切除术，将传统 4 小时手术缩短至 8 分钟。更令人惊叹的是，他在此基础上创新肝包虫内囊摘除术，用特制穿刺针抽取寄生虫囊液，避免了传统开腹手术的高风险。一位 104 岁老人和 1 岁幼儿的成功案例，创造了国内手术年龄跨度纪录。为推广技术，他 4 次自费赴沙湾县医院培训基层医生，使该院年收治胆结石患者从 30 人激增至 600 人，被牧民称为"家门口的守护神"。

"医生的脚步应该丈量患者的需要。"庄仕华带领医疗队穿越塔克拉玛干沙漠，攀越帕米尔高原，40 余万公里巡诊路上留下无数传奇。在喀什英吾斯坦乡，他为 80 岁老人托胡提·玉苏甫取出鸡蛋大小的胆结石；在阿图什市，他跪地为先天性心脏病患者听诊 3 小时。

最动人的是哈萨克族牧民达汗一家的故事。1984 年巡诊时，他得知达汗女儿因贫辍学，当即承诺："学费我来出！"此后 28 年，他不仅资助女孩完成师范学业，还帮其家庭修建新房。2013 年，达汗全家用 39999 颗彩珠绣出"二十九载鱼水情"锦旗，成为民族团结的象征。类似的故事还有很多：他资助聋哑患者杨灿开理发店，为维吾尔族大娘热依汗垫付 20 万元肝移植费用，甚至将自家住房抵押贷款救治农民工……

"官兵的健康就是战斗力！"庄仕华在军人病区推行"三到服务"——手术到床前、心理疏导到床头、康复训练到床边。2002 年，战士王伟在军校考前突发胆结石，他连夜驱车 230 公里返回手术，术后亲自背考生进考场；骨癌晚期战士张友涛弥留之际想看《举起手来》，他跑遍乌鲁木齐租来放映机。

2009 年 7 月 5 日乌鲁木齐"7·5"事件中，他连续 50 小时抢救伤员，脚部磨出血泡仍穿着大两号的鞋子坚持手术。每当收治艾滋病患者时，他独自承担术后护理，直面体液感染风险："医生的字典里没有'恐惧'二字。"新冠疫情期间，63 岁的他带队深入社区，用维吾尔语录制防疫广播，捐赠价值百万元的医疗物资。

走进武警新疆总队医院肝胆中心，12608 面锦旗组成红色海洋：维吾尔族大娘绣的 56 个民族饺子图，柯尔克孜族牧民织的羊毛挂毯，还有用 317 颗石榴籽拼成的"亚克西"……每面锦旗都镌刻着生死相托的信任。

面对香港医院百万年薪邀约，他淡然拒绝："我的战场在新疆。"2005 年获"中国医师奖"前夕，庄仕华放弃领奖机会抢救心衰患者李修竹，在手术台上连续奋战 5 小时化解心脏骤停危机。即便年过花甲，他仍保持日均 20 台手术、3 小时查房的强度，腰椎间盘突出发作时，就绑着护腰站立手术。

庄仕华的影响力早已超越医学范畴。他推动医院将药品成本降低 70%，手术费比自治区医保标准低 26%；培养的 300 余名基层医生成为"医疗火种"；发起的"医疗扶贫联盟"覆盖 21 家县级医院。2022 年党的二十大期间，66 岁的庄仕华仍在天山脚下巡诊，用沙哑的嗓音对年轻医生说："记住，我们手里握的不是手术刀，而是百姓的命脉。"

在庄仕华办公室墙上，挂着一幅特殊地图：密密麻麻的红线连接着帕米尔高原的牧区、塔里木盆地的村庄，以及阿尔泰山的哨所——这是他 50 多年行走的轨迹，也是一名共产党员用生命绘就的忠诚答卷。庄仕华 16 次被评为"优秀共产党员"，荣获"全国民族团结进步模范个人""全国拥政爱民模范"等称号，被中央文明委授予"当代雷锋"荣誉称号，被中共中央宣传部等六部委表彰为"全国道德模范"。

点评：

庄仕华用数十年扎根边疆的坚守，重新定义了医者的价值维度。从剥葡萄皮练就毫米级微创技术，到巡诊 40 万公里架起民族团结之桥；从 12 万例手术零失误的医学奇迹，到资助 600 余户家庭的赤子情怀，他将"医者仁心"升华为跨越民族的生命礼赞。在技术革新中展现智慧，在扶贫济困中传递大爱，在危急时刻彰显担当，庄仕华超越了传统医者的角色，为边疆稳定、军民团结贡献了自己的力量。真正的伟大，在于将手术台化作践行初心的战场，用毕生坚守点亮希望之光。正如庄仕华所说："医生不仅要挖病根，更要帮百姓拔穷根。"这份永不停歇的行走与奉献，让"当代雷锋"精神在天山南北永续传承。

42.一辈子深藏功与名

2022 年 12 月 20 日，战斗英雄、"共和国勋章"获得者张富清同志，因病医治无效，在湖北武汉去世，享年 98 岁。这位老英雄虽然永远离开了我们，但是他一辈子坚守初心、深藏功名、不改本色的先进事迹，留下了宝贵精神财富，必将始终鞭策一代代人永远听党话、永远跟党走。

2018 年 12 月 3 日下午，在湖北省恩施土家族苗族自治州来凤县人社局的退役军人信息采集点，随着一个陈旧小布包里面的东西呈现在工作人员面前，立刻让这个县城沸腾了起来，由此揭开了老英雄张富清曾不为人知的过往。在这之前，张富清一直深藏功名、封存荣誉，在艰苦地区、平凡岗位上默默奉献了自己的一生。习近平总书记在对他的先进事迹作出重要指示时强调："老英雄张富清 60 多年深藏功名，一辈子坚守初心、不改本色，事迹感人。在部队，他保家卫国；到地方，他为民造福。他用自己的朴实纯粹、淡泊名利书写了精彩人生，是广大部队官兵和退役军人学习的榜样。"①

张富清在新中国成立后工作 30 多年，他从没提过军功，从没向组织提过任何要求。离休后，他也一直保持着艰苦朴素的生活作风。给全家立下规矩，一向不给组织添麻烦的他，之所以不得已公开了他的"秘

---

① 《习近平对张富清同志先进事迹作出重要指示强调　积极弘扬奉献精神　凝聚起万众一心奋斗新时代的强大力量》，《人民日报》2019 年 5 月 25 日第 1 版。

密"，还是因为他说"不能对组织有任何隐瞒"。

2018 年全国各级退役军人事务行政机构成立后，开始对退役军人实行大规模、全覆盖信息采集。11 月中旬的一天，张富清的大儿子张建国来到父亲家里做晚饭。正当他准备离开时，忽然想起先前路过步行街时看到了来凤县退役军人信息采集登记工作的公告。他又想到父亲曾说当过兵，就把信息采集的事情告诉了张富清，问道："您登不登记？如果要登记，我就去为您登记。"张富清迟疑了一会儿，回答说："我这么大年龄了，有什么必要吗？"张建国明白了父亲的意思，便离开回家了。

12 月 3 日下午，小儿子张健全在和父亲交谈的过程中，也想起了退役军人信息登记的事，便问："您之前当过兵，登不登记？"张富清说大儿子前不久已经问过这件事，还是觉得自己年龄大了，当兵又是五六十年前的事，就没必要再登记了。张健全告诉父亲，这次登记是组织上要求的，凡是已经退役的军人都要求登记。"是组织上要求登记的？"张富清似乎有些不大相信。张健全再次强调确实是组织上要求的，因为各级成立了退役军人事务管理机构，要求对所有退役军人进行信息采集登记，公告上写得明明白白。在沉默了一阵过后，张富清才让小儿子去取放在卧室书桌抽屉里的退伍证、离休证，再去登记。

当天下午 3 点多，张健全来到了县人社局信息采集点。信息登记员很快就为张富清做好了信息登记，并问张健全："您父亲是否有立功受奖的情况？如果有，就要如实登记。"张健全从未听父亲提过，因此并不清楚，只能回去重新确认。张富清严肃地问儿子："登记立功受奖的情况也是组织上要求的吗？"在得到肯定回答后，老人家怔怔地看着儿子，又思考了许久，才突然告诉他去大姐的房间，打开那口老皮箱，取出里面的包，拿着它去登记。张健全此时似乎预料到了什么，径直走向大姐张建珍的卧室。母亲见他匆匆忙忙，还问他在找什么。张健全问母亲要老皮箱的钥匙，可皮箱实际上已经坏掉了，根本不需要钥匙。

张健全第一次打开了这口老皮箱，在最下层的角落处，发现了一个陈旧的小布包。他取出了布包，看见里面有用红布紧紧包裹的东西。他小心翼翼地打开了红布，里面除了一个装着证件的小塑料袋，另外还有几枚奖章。"张健全把小塑料袋打开，首先发现一本立功证书，翻开看见里面的内容，一下震惊了：一等功三次，二等功一次，两次获得'战斗英雄'称号。接着他又打开另一张叠着的黄色纸：是一份特等功报功书！"[①]张健全反反复复地仔细看着这些证书和奖章，立功证书和报功书上赫然写着"张富清"的名字，他简直不敢相信自己的眼睛，更不敢相信父亲竟然是一位经历过九死一生、立下赫赫战功的战斗英雄。当张健全急匆匆拿着小布包，再次来到信息采集点，将里面的奖章和立功证书，一件件摆在工作人员面前以后，老英雄张富清的无声"秘密"才被公布。张健全在回父亲家的路上，给大哥张建国打了电话，告诉他父亲曾经立功受奖的情况。张建国起初不敢相信，于是他急忙赶到父亲家里，决定一探究竟，最终确信眼前的一切是真实的。张健全和张建国兄弟俩的心情久久不能平静，没想到父亲在战争年代立下赫赫战功，60多年来却对子女只字未提！如果要不是这次退役军人信息采集登记，子女们或许仍不会知道，恐怕只能等到父亲百年过后才会发现他的无声"秘密"吧！

作为一名老党员，张富清曾是西北野战军 359 旅 718 团 2 营 6 连战士，在解放战争的枪林弹雨中九死一生，先后荣立一等功三次、二等

---

① 邱克权、邱凯：《发现英雄 轰动全国——"共和国勋章"获得者张富清事迹发现始末》，《湖北文史》2022 年第 1 期。

功一次，被西北野战军记"特等功"，两次获得"战斗英雄"荣誉称号。1955年，张富清退役转业，主动选择到湖北省最偏远的来凤县工作，为贫困山区奉献一生。60多年来，张富清刻意尘封功绩，连儿女也不知情。[①] 张富清经常自省："要时刻问自己，党的要求都做到了没有；要不断努力，为党的事业继续奋斗。"他自己这辈子最深的信念，就是要"听党的话，永远跟党走"。如今，张富清的精彩人生故事已经传遍了祖国大江南北、千家万户，激励着无数中华儿女艰苦努力、不懈奋斗。

点评：

党的作风是全体党员和党的各级组织的一贯态度和外在表现，是在实践过程中形成的比较稳定的反映党的特征和品格的整体精神风貌。党的作风具有十分强烈的党性。在战斗岁月，张富清冲锋在前、舍生忘死；在和平时期，他甘于奉献、生活朴素。张富清一辈子坚守初心、深藏功名，以及"不能对组织有任何隐瞒"，深刻彰显了他在党为党、在党言党的崇高党性，也鲜活体现了他艰苦奋斗、不求回报、严于律己、严守党纪的优良作风。

---

① 《习近平对张富清同志先进事迹作出重要指示强调　积极弘扬奉献精神　凝聚起万众一心奋斗新时代的强大力量》，《人民日报》2019年5月25日第1版。

43.用自己身体保护战友

　　杜富国，2010 年 12 月入伍。2015 年 6 月，杜富国积极报名参加边境扫雷行动，3 年中先后进出雷场 1000 余次，累计排雷排爆 2400 余枚、处置险情 20 多次。随队完成 19 块雷区 17.85 平方公里的扫除任务。2018 年 10 月 11 日下午，在执行扫雷任务排查过程中，突遇爆炸。他用身体保护了战友，而自己却失去了双手双眼。

　　1991 年，杜富国出生在贵州省遵义市湄潭县的一个小村庄，他家紧挨着一条县道。这条路，当年红军长征强渡乌江、保卫遵义会议召开时走过；这条路，杜富国从蹒跚学步到投身军旅，走了 19 年。

　　2010 年 12 月，杜富国在遵义市湄潭县的红九军团司令部旧址旁，穿上绿军装，戴上大红花，成为一个兵。前往军营那天，杜富国仰望红军塑像，敬了一个不太标准的军礼，从此开始了自己的军旅征程。

　　直到 2015 年的一天，父亲杜俊接到杜富国打来的电话："爸，我打算申请到一线扫雷。"杜富国不是不知道这是和平年代里离死神最近的任务，但雷患不除，边境不宁。

　　当杜富国得知有一个村子，87 个人只有 78 条腿时，他的内心难以平静。"我心里就有一个想法，就是把中越边境的雷场排除掉，给百姓一片安宁。当兵嘛，就应该去做点有意义的事情，像打仗去前线一样！我觉得扫雷在和平时期，就像是我的战场。"就这样，从驻云南某边防团来到了某扫雷排爆大队四队，那一年，他 24 岁。

　　来到扫雷队，从第一次排雷知识摸底考试的 32 分到第二次的 57 分、第三次的 70 分、第四次的 90 分，是骨子里的执着与不服输让其快速成长。最后，在综合考核中，杜富国的课目成绩全优，而他更是前前后后进出雷场达 1000 余次、凭借专业的能力排雷枚数达 2400 余枚、解除险情 20 余次，为边境安全作出了不俗贡献。

由于表现突出，杜富国成为大队组建以来发展的第一批党员。战友龙泉无法忘记杜富国入党时说过的一句话："我入了党，就能带头干更危险的任务了。"[1]

杜富国曾在请战书中写道："怎样的人生才真正有意义有价值。衡量的唯一标准，是为国家、为百姓做了什么……我感到，这就是我的使命。"[2]

2018 年 10 月 11 日，云南省麻栗坡县老山西侧坝子雷场，在执行扫雷任务时杜富国和战友发现了一枚加重手榴弹。"你退后，让我来！"作为组长的他像往常一样将危险挡在自己身前，没想到就在他进一步查明情况试图拆除手榴弹时，爆炸突然发生了，生死瞬间，杜富国扑向战友一侧，遮挡住爆炸冲击波和弹片，一声巨响后，他失去意识，昏迷不醒。

浑身是血、全身多处烧伤，他就这样被送进医院，就连急救医生都被吓了一跳。3 天 3 夜连续 5 次大手术，经过专家组的全力救治，杜富国终于从"鬼门关"中闯了出来。生命是保住了，不过代价也是巨大的——双眼球被摘除，而那双应对扫雷各种难题的灵活双手也不复存在。

---

[1] 中共中央宣传部宣传教育局编：《时代楷模·2019——杜富国》，学习出版社 2019 年版，第 89 页。

[2] 中共中央宣传部宣传教育局编：《时代楷模·2019——杜富国》，学习出版社 2019 年版，第 64 页。

部队领导和专家制定了多套心理干预方案，但内心强大的杜富国一套都没用上，仅仅用了 2 天，他就平静又坚强地接受身体重创的事实，在部队领导前来慰问时，他还会用坚定的语气告诉首长："没事，我能挺得住。"即便饱受疼痛的折磨和煎熬，他也还是用同样的话语安慰悲痛欲绝的父亲："没事，放心。"

负伤后，杜富国依然保持战斗的状态，从走路跑步、穿衣吃饭等最基本生活技能开始，每天积极投入康复训练。同时，他始终保持乐观进取的态度，练体能、练写字、学知识，渐渐找到了新的人生坐标。

2019 年 12 月 31 日，习近平总书记在新年贺词中专门提及"用自己身体保护战友的杜富国"，赞叹包括他在内的无名英雄"以普通人的平凡书写了不平凡的人生"[1]。

"听众朋友们晚上好，这里是南陆之声。晚上 8 点，陪伴每一个身穿迷彩的你……"2020 年 3 月 8 日，"富国陪你读好书"系列广播节目依托南部战区陆军微信公众号正式上线，同年 8 月，杜富国正式成为军队广播节目《南陆之声》的播音员。温暖的声音缓缓从广播中流淌出来，他就这样开启了新征程。

2022 年 7 月，在中国人民解放军建军 95 周年之际，中央军委在北京举行隆重仪式，中共中央总书记、国家主席、中央军委主席习近平向杜富国等 3 位英雄楷模授予"八一勋章"。杜富国说："'八一勋章'这份沉甸甸的荣誉，属于全体扫雷官兵。我只是一名普通的扫雷战士，做了自己该做的。假如再给我机会，哪怕一千次、一万次，我也会作出同样的选择！"

杜富国曾先后赴北京大学、陆军边海防学院等军地单位，开展宣讲

---

[1] 《国家主席习近平发表二〇二〇新年贺词》，《人民日报》2020 年 1 月 1 日第 1 版。

数十场，结合自身成长经历话初心、谈感悟，讲述强军故事，传播"让我来"的精神，激励更多新时代追梦人奋勇前行。"哪里有危险，党员骨干就会出现在哪里。我是组长，也是党员，在那个时候，就应该冲在最前面。"宣讲现场师生们无不深刻感受到了人民子弟兵心系百姓的为民情怀和党员冲锋在前的先锋精神。

点评：

杜富国用生命担当使命，用青春书写荣光，诠释了新时代的英雄精神。当前，中华民族伟大复兴进入关键时期，广大共产党员应以杜富国为榜样，勇挑重担、勇克难关、勇担风险，号令当头"让我来"，重担面前"让我来"，生死关头"让我来"，苦累危难"让我来"，挑战考验"让我来"，用热血和生命不断提升自己的担当值，书写属于新时代的光辉业绩。党员干部只有强化凡事"让我来"的责任担当，才能在疾风劲浪中扬帆远航，将蓝图变为现实。

44.守岛卫国有大爱

开山岛，距离江苏省灌云县燕尾港 12 海里，面积只有 0.013 平方公里，这个仅有 2 个足球场大小的海岛，却是祖国东大门上的战略要地。2018 年，守岛 32 年的王继才倒在了工作岗位上，用无怨无悔的坚守和付出兑现了自己"守岛就是守国"的诺言。

1960 年，在江苏省灌云县，农村家庭出身的王继才，从小便有一个当兵梦。因此，高中毕业后，他加入江苏省灌云县民兵队伍，成为一名民兵。只要组织有需要，他都会第一时间站出来。

1986 年 7 月的一天，已经成为民兵营长的王继才，收到当地武装部的任务，独自守卫开山岛。当时的开山岛上，没有电力、没有淡水，哨所年久失修，十分简陋，而且还经常受到台风、海浪的袭击，生存环境极其恶劣。开山岛也被当地老百姓称为"水牢"。作为战略位置重要的海岛，岛不可一日不守。岛上，只有王继才一个人，寂寞、恐惧伴随了王继才 48 天后，妻子王仕花上岛了。看到满腮胡子、满头乱发的王继才，王仕花心疼极了，她一咬牙，辞掉小学教师工作，上岛与丈夫风雨同舟。

对祖国的热爱，是支持王继才默默守岛的最深沉的精神力量。王继才坚信"守岛就是守国，国安才能家宁。"从 1986 年 10 月 1 日起，王继才夫妇就在开山岛的最高处、最东边开始升旗。他对王仕花说，你看，我们这开山岛有人守了。以前日本人侵占我们连云港的时候，首先就占领这个小岛。现在我们国家强大了，岛有人守了，我们把这五星红旗插在这个岛上，证明这个岛有人守，是中国的领土。

上岛第二年，王继才与王仕花的第二个孩子快要出生了。临近产期，因为台风等不来渔船，没办法把王仕花送到县城的医院。一天夜里，王仕花突然临盆，王继才只能凭借着岛上的手摇式步话机与岸上的武装部取得联系，寻求帮助。在母子命悬一线的危急时刻，武装部领导来不及去找医生，只能让家属凭借着经验，远程指挥着这个不到 30 岁的大男人手忙脚乱地开始为妻子接生。

危险与孤独让日子显得十分难捱。王继才的两个孩子也先后到了上学的年龄。这时候，王继才在岛上已经守了 8 年。别人守不了的岛，他守住了；别人耐不住的寂寞，他耐住了。为了孩子，他决定回县里向老政委辞职，准备离开开山岛。傍晚时分，王仕花等到了去辞职回来的王继才。然而，王继才回来后一言不发。沉默许久之后，王继才对王仕花说道，岛还是要继续守，这是对老政委临终前的一个承诺。因为一句承诺，王继才在如此艰苦的环境中留了下来。

"对我们来说，家就是岛，岛就是国。""只有看着国旗在海风中飘扬，才觉得这个岛是有颜色的。""因为这个岛是我们中国的领土，只有五星红旗插在哪里，哪里就是我们中华人民共和国的国土，这是我的责任。"一句句朴实的话语，背后是一颗赤诚的爱国之心。因为这赤诚的爱国之心，使他在面对恶劣的环境、金钱的诱惑、旁人的不解、亲人的牵挂时，选择坚守自己的使命；因为这赤诚的爱国之心，使他在面临家与国、利与义的两难取舍时，作出了无愧于心的抉择。父亲去世时，他没能赶上送终；母亲去世时，他没见到最后一面；大女儿出嫁时，含着泪一步三回头，也没有等来他参加婚礼。人非草木，孰能无情。王继才每次谈起这些，都眼含热泪，但他又说："忠孝不能两全，家国不能两顾，国家的事情总比小家的重要。"一朝上岛，一生为国，守岛就是卫国，国安才能家安。王继才身体力行地诠释了一个奋斗者的爱国担当。

每天清晨和傍晚，王继才夫妻俩都会两次巡岛、观天象、护航标。过去这二三十年的每一天，"几乎都是同一天"。除了自然环境需要克服外，王继才更多的则是在岗位上与违法犯罪分子作斗争。20世纪90年代，有偷渡者想把开山岛当作中转站，走私者也想在岛上囤积物资。1997年8月，有"蛇头"找到王继才，拿出10万元现金，求他帮忙。王继才断然拒绝，并很快向边防部门汇报。那段时间，王继才提高了警惕，也加强了值班瞭望。一次，王继才成功发现了躲在开山岛15海里外的两艘走私船。他发现这一异常情况后，赶紧将情报线索向边防部门报告，成功打掉了一个跨国走私团伙，当场缴获小汽车60辆，抓获犯罪嫌疑人十几名。在王继才的日夜值守下，开山岛海域反走私、反偷渡成果显著，先后发现并协助破获8起走私、偷渡案件，为国家挽回巨额经济损失。而王继才这样的举动，也招致一些不法分子的报复。

利诱和威逼没有俘虏王继才，守岛的寂寞也因为能够帮助到来往的人，而多了缕缕暖意。32年来，接受过王继才夫妇帮助的渔民不计其数。当地的渔民都称他们夫妇是海上"救护神"，小岛也成了名副其实的"海上应急救助台"。

王继才夫妇一年一年的坚守，让开山岛逐渐有了变化。他们在开山岛上种植了果树，开辟了菜园。政府给岛上通了电，生活条件一年比一年好。但是他们夫妻俩风湿愈加严重。由于长期在海岛上生活，手上腿上长满了湿疹。同时，王仕花还患有股骨头坏死。医生说，只有离开海岛才可能痊愈。但夫妻二人并没有离开开山岛的打算。

2018年7月27日，王仕花因病痛难忍，坐船去县医院看病。让她没有想到的是，仅仅离开几个小时，独自守岛的丈夫因突发心脏病不幸离世，永远地离开了她，享年58岁。陪伴丈夫无数个日夜的王仕花，却没能见到丈夫的最后一面。

2019 年 8 月 30 日，开山岛上举办了王继才铜像落成仪式，铜像的造型为王继才一只手指向大海，另一只手扶着望远镜，注视着祖国美丽的海疆，继续守护着开山岛。王继才用自己的行动诠释了真正的爱国，他用自己的生命诠释了责任与担当。同年 9 月 17 日，王继才被授予"人民楷模"国家荣誉称号。王继才的故事激励着一代又一代中国人，为了国家的繁荣富强而矢志奋斗。

点评：

守岛就是守国，国安才能家宁。王继才的事迹充分展现了对党忠诚、信念坚定的政治品格，胸怀祖国、心系国防的爱国情怀，爱岗敬业、舍家为国的奉献精神，不畏艰险、迎难而上的奋斗品质，为我们树立了时代标杆、精神榜样。我们要以王继才同志为榜样，不忘初心、牢记使命，弘扬践行爱国奉献精神，立足本职岗位书写一流业绩，切实担负起党和人民赋予的使命任务。

45.为国尽忠就是最大的孝

2025 年 2 月 7 日上午，一则令国人无比悲痛的噩耗迅速传遍全网。中国共产党优秀党员、中国第一代核潜艇工程总设计师黄旭华同志，因病医治无效，于 2025 年 2 月 6 日 20 时 30 分在湖北武汉逝世，享年 99 岁。

作为中国核潜艇事业的开拓者和奠基者之一，黄旭华曾隐姓埋名 30 年，主持设计了中国第一代攻击型核潜艇和战略导弹核潜艇。"黄旭华是国防科技战线上无数无名英雄的缩影，一旦'许国'，便隐姓埋名、无声奉献。黄旭华和老一代核潜艇人用自己的人生经历，完美诠释了'自力更生、艰苦奋斗、大力协同、无私奉献'的核潜艇精神，这种精神必将感召一代又一代年轻人肩负起历史赋予的重任，献身国防科技事业！"[1]

1926 年，黄旭华出生在广东汕尾。他的父母在当地行医、颇有威望，他本来立志长大同样成为解除百姓病痛的良医。小学毕业时，寇侵中华、国破民殇，家乡饱受日本飞机轰炸。黄旭华翻山越岭，艰难步行多日，才找到为了躲避日寇而搬迁的中学，之后辗转多个省市艰苦求学。"想轰炸就轰炸，因为我们国家太弱了！"在炮火与动荡中长大的黄旭华，内心极度渴盼祖国强大。为此，他立下誓言："我要学航空、学

---

[1] 凌纪伟：《许身深潜 科研报国——记国家最高科学技术奖获得者黄旭华》，《中国人才》2020 年第 2 期。

造船，我要科学救国！"高中毕业以后，黄旭华同时收到了航空系和造船系的录取通知。因在海边长大，他最终选择了造船专业。这个曾想要学医的青年以第一名的成绩考取国立交通大学造船工程系。积极主动接受革命思想的引领与熏陶，黄旭华于 1949 年春秘密入党，自此衷心践行"党的决定我从未含糊过"。

新中国成立初期，掌握核垄断地位的超级大国不断对我国施加核威慑。为了改变这种状况，在 20 世纪 50 年代后期，党中央决定组织力量自主研制核潜艇。由于政治素质、专业背景和工作经历出色，黄旭华成为这一研制团队人员之一。1958 年，他从上海到北京报到后，支部书记同他谈话，强调了 3 点：一是"你被选中，说明党和国家信任你"；二是"这项工作保密性强，这个工作领域进去了就出不来，犯了错误也出不来，出来了就泄密了"；三是"一辈子出不了名，当无名英雄"。领导问他是否能适应这项工作，黄旭华以一名优秀共产党员的坚定党性，毫不犹豫地回答说"能适应，而且是自然适应"。

我国核潜艇的研制几乎是从零开始，面对的不仅是技术难题，更是从何处下手打开工作局面的方法问题。黄旭华和他的团队抽丝剥茧、化繁为简，坚持用最"土"的办法作为攻坚克难的重要法宝，出乎意料地解决了最尖端的技术问题。没有现成的图纸和模型，就一边设计、一边施工，不分白昼加班加点；没有计算机，就用算盘和计算尺，获取了核潜艇建造设计的几万个数据。通过发扬艰苦奋斗、自力更生的优良传统作风，黄旭华带领团队一路打破国外严密的技术封锁，攻克了各种技术难关，特别是突破了核潜艇最重大、最关键的七项技术，让中国在茫茫海疆中有了属于自己的"钢铁蛟龙"。

回顾黄旭华科研工作的艰辛甚至是危险，他的同事、学生和亲属首先都会想到 1988 年那次期待已久的深潜试验。但凡有一个阀门封不严、一条焊缝有问题、一块钢板不合格，都可能造成艇毁人亡的可怕局面，国外也有过深潜遇难的前车之鉴。所有人深知深潜预示着多么高的风险，但黄旭华毅然决定亲自随艇下潜！核潜艇的总设计师决定亲自参与深潜，这在世界上尚无先例。单位领导劝黄旭华不要亲自深潜，但他却坚持参加。他说："深潜不是冒险，我对它有信心。而且，万一还有哪个环节疏漏了，我在下面可以及时协助艇长判断和处置。"率先垂范展现的是一种党的优良作风，凝聚了强大精神力量。黄旭华的乐观和自信态度，极大影响和鼓舞了全体参试人员，确保深潜试验万无一失。极限深潜试验成功了！

黄旭华许身于党、终生报国不言悔，唯一愧对的是他的父母亲人。在核潜艇工程解密后，1986 年 11 月他因工作需要到深圳出差。地点离他的老家很近，黄旭华向上级申请顺路回去看看自己的母亲。这一请示被批准后，离乡 30 年的他终于重新出现在家人面前，见到了 93 岁的母亲。他母亲其实很想知道，这么多年来儿子到底在做什么？出于严守党的纪律，黄旭华始终无法给出具体回答，只要一说到工作他就岔开话题。1987 年 6 月，上海《文汇月刊》刊发了一篇报告文学《赫赫而无名的人生》。文章讲出了"我国已研制成功了尖端的弹道导弹核潜艇"的故事，按照主人公和有关部门的要求，报告文学适当进行"脱密"处理，因此一般读者无从知晓故事主人公的身份信息。

黄旭华把这期杂志寄给了远在家乡的母亲。等看到报告文学里有"他的爱人李世英"等字眼，黄旭华的 9 个兄弟姊妹及家人才了解到他的工作性质。"家人不知道我在外做什么，父亲去世我也没有回去。"总有人问黄旭华，忠孝不能两全，您是怎样理解的？黄旭华回答："对国家的忠，就是对父母最大的孝。我非常爱我的夫人，爱我的女儿，爱我的父母，但是，我更爱国家，更爱事业，更爱核潜艇。"①

对黄旭华而言，无怨无悔的使命有着他一辈子难解的乡愁，但更具超越凡俗的理想信念和崇高追求。他曾说，自己一生虽然有很多遗憾，但却无怨无悔。向"国之脊梁"黄旭华致敬，历史和时代必将永远铭记他的丰功伟绩！

点评：

党性是党员、干部立身、立业、立言、立德的基石。一个党员的党性如何，可通过他的作风表现和工作态度体现出来。黄旭华在大是大非面前，在党的原则、纪律面前，毫不犹豫地讲党性，隐姓埋名、无声奉献；在党的利益、人民利益与个人利益发生矛盾时，坚持党的利益、人民利益至上，牺牲小我、成就大我。这些既证明他党性崇高，也说明他具有优秀的工作作风。新时代广大党员、干部要努力学习黄旭华"对待党的决定从不含糊"的优秀意志品质，发扬党的优良传统作风，注重锤炼党性，不断提高党性修养。

---

① 申世杰：《隐姓埋名三十载的"中国核潜艇之父"——记共和国勋章获得者黄旭华》，《党史文汇》2023 年第 4 期。

46. 永葆本色的"老阿姨"

一位教师，毅然决然跟随丈夫扎根贫苦山区，投身于教育事业。她是开国少将甘祖昌的夫人，也是全国道德模范、"最美奋斗者"称号获得者，还是被习近平总书记亲切地称为"老阿姨"的龚全珍。

龚全珍，1923年12月出生于山东省烟台市，1945年被国立西北大学教育系录取，1949年5月参加革命工作，同年加入中国共产党。1957年跟随丈夫甘祖昌将军及全家离开了乌鲁木齐，回到了丈夫阔别20余年的家乡——江西省莲花县坊楼镇沿背村。这一年，龚全珍只有34岁。从此以后她扎根基层，在乡村教师的平凡岗位上奉献数十年，期间兢兢业业，教书育人，也曾赤脚下田、荷锄上山。即便年老离休，依旧传承甘祖昌将军不求名利、矢志为民的精神，积极开展革命传统教育和理想信念教育，倾力捐资助学、扶贫济困，开办"龚全珍工作室"服务社区、服务群众，办成了许许多多的实事、也解决了不少难事、还做了很多很多好事，正是因为这样她赢得了当地干部群众的交口称赞。2013年，她荣获"全国道德模范""全国助人为乐模范""全国三八红旗手标兵"荣誉称号。2014年，她当选中央电视台"感动中国2013年度人物"，被授予全国优秀共产党员。2019年，她被表彰为"全国模范退役军人"，甘祖昌、龚全珍夫妇被授予"最美奋斗者"称号。几十年如一日，龚全珍用自身的实际行动诠释了什么是真正的最美奋斗者。

纵观龚全珍的一生，作为妻子，她追随丈夫甘祖昌将军回乡当农民，与丈夫志同道合，是一个贤内助；作为母亲，她言传身教，带领子女传承将军精神，引导子女热爱读书学习，也告诫子女不要特殊照顾，还教育子女要乐于行善助人，她是一位好母亲；作为共产党员，她与人民群众心连心，宣传革命传统，帮穷济困、扶危解难，离休不离岗，无疑是一名优秀的共产党员。她一系列可歌可泣的感人故事彰显了妻子、母亲以及共产党员的崇高品德和高尚情操。

龚全珍一生，之所以能够数十年如一日地做到艰苦奋斗与无私奉献，源于她对信念的坚守。即不管外在条件如何变化，她始终坚信"共产主义不是空话，也不是空洞的理论"，我们的国家"一天比一天好，一年比一年好"①，信念坚定，志向不移。即使到了八九十岁，她依然不忘初心、牢记使命，在日记里，她这样写道："最近一年来，我常感到自己年老了，无能为力了。可是自己是个党员，应当为实现共产主义的伟大目标奋斗终生。"②

纵观龚全珍的一生，她既是中国共产党艰苦奋斗的见证者，也是艰苦奋斗的诠释者、践行者以及传承者。她少年时期追随八路军，大学毕业之后加入中国共产党，再之后就和丈夫一并选择走上物质生活清贫的人生道路，她用自身的言行举止向我们昭示了艰苦奋斗是中华传统美德，更是中国共产党人的传家宝以及政治本色。2013 年 9 月，习近平总书记在会见第四届全国道德模范及提名奖获得者时，他握住龚全珍老人的手深情致意，并亲切地称她为"老阿姨"，同时指出："龚全珍同志始终保持艰苦奋斗精神……我们要把艰苦奋斗精神一代一代传承下去。"③

---

① 龚全珍:《龚全珍日记选》，人民出版社 2013 年版，第 377 页。

② 龚全珍:《龚全珍日记选》，人民出版社 2013 年版，第 352—353 页。

③ 《习近平在会见第四届全国道德模范及提名奖获得者时强调　深入开展学习宣传道德模范活动　为实现中国梦凝聚有力道德支撑》，《人民日报》2013 年 9 月 27 日第 1 版。

龚自珍回到家乡先是被分配在九都中学，后又到南陂小学、甘家小学当校长。无论在哪里任教，她都是吃住在学校，全身心地扑在工作上。她经常拿出自己的工资和粮票，以资助家境贫困的学生和老师，经常帮助贫困学生垫付学费、购买学习用品及衣物。1961年，也就是龚全珍回到家乡的第四年，她毫不迟疑就接受了莲花县文教局的工作安排，去到环境艰苦的南陂小学当校长。龚全珍认为教育是自己的本职工作，在哪儿教书都一样，"只要能为发展坊楼的教育事业出力，能教书育人，中学小学都是一个样！"[①]离休之后，龚全珍离职不离岗，始终关心社会、投身公益事业。她也始终把身边群众的困难当自己的困难一样。1989年，她主动要求到幸福院居住，在那期间龚全珍在院里还主动承担起"工作人员"的职责，竭尽所能地帮助其他老人。除此之外，她将常来院里玩耍的10余个学生组织成了一个课外学习小组，办起了"幸福学习小组"，自掏腰包购买书籍、资料、学习用品等，她辅导孩子们学习，这个学习小组一直坚持到1997年龚全珍搬离幸福院。

2003年，龚全珍加入了莲花县县镇两级老干部宣讲团。她不仅经常进学校、入企业、下基层，作爱国主义传统教育报告，而且每一场报告都好评如潮。她"坚持深入基层、深入群众，作了1000多场革命传统教育报告，以自己的言传身教弘扬党的优良传统，她对生活困难的群众总是倾力帮助，近10年来捐资助学、扶贫济困累计10余万元"[②]。2011年，龚全珍和社区的同志们还一道办起了"龚全珍工作室"，此外还有其他公益，比如，爱心救助基金会和志愿者协会；建起"童伴之家"，为留守儿童编织起安全网等。现如今，这股力量已经发展到500

---

① 彭霖山：《走近龚全珍》，江西人民出版社2013年版，第33页。

② 《求是》编辑部：《优秀共产党员龚全珍》，《求是》2014年第21期。

余个工作室、上千支党员志愿服务队,这无疑使得党员光辉闪耀、党的关怀如春风温暖心田。

点评:

艰苦奋斗,是中华民族的优良传统。这个优良传统也体现在龚全珍"老阿姨"的思想言行作风中,她几十年如一日扎根农村,坚守信念,艰苦奋斗、无私奉献的精神值得学习。榜样的力量是无穷的,龚全珍始终以甘祖昌将军为榜样要求自己,同时又为后人、为社会树立了一个可亲可敬的榜样。我们要以龚全珍"老阿姨"为榜样,持之以恒发扬党的光荣传统和优良作风。

47. 腐化堕落必受惩罚

刘青山、张子善分别于 1931 年和 1933 年加入中国共产党，是经历过土地革命战争、抗日战争和解放战争严峻考验的老干部。刘青山参加过高阳、蠡县的农民暴动，曾被国民党逮捕，在敌人的严刑逼供下，坚贞不屈。张子善 1934 年被国民党逮捕入狱，参加狱中的绝食斗争，在敌人面前表现了共产党人的英雄气概。实事求是地讲，他们在革命斗争中，都曾奋不顾身地为民族独立和人民解放，进行过英勇的斗争，建立过功绩。

在新中国成立前夕召开的党的七届二中全会上，毛泽东指出："可能有这样一些共产党人，他们是不曾被拿枪的敌人征服过的，他们在这些敌人面前不愧英雄的称号；但是经不起人们用糖衣裹着的炮弹的攻击，他们在糖弹面前要打败仗。我们必须预防这种情况。"[①] 但刘青山、张子善显然没有领会到这个重要指示的深远意义。他们经不起资产阶级腐朽思想和生活方式的侵蚀，在进城后短短 2 年时间里就迅速腐化堕落，最终成为党和人民的罪人。经公审被枪决时，刘青山 36 岁，张子善 38 岁。

1949 年，刘青山到天津任地委书记，张子善任天津行署专员。当时百废待兴，刘青山和张子善二人却受到资产阶级腐朽思想的侵蚀，贪图享乐，生活铺张。刘青山有几句口头禅，"天下是老子打下来的，享

---

① 《毛泽东选集》第四卷，人民出版社 1991 年版，第 1438 页。

受一点还不应当吗？""革命胜利啦，老子该享受享受啦！"在担任天津地委书记的 2 年多时间里，他极少到地委办公场所，而是以"养病"为由长期住在一栋典雅考究的二层小洋楼内。当时，天津地委只有一辆战争中缴获的美式吉普，这辆车就成了刘青山的私家车。可刘青山坐着这辆旧车还不甘心，动用 3 亿多元（旧币，1 万元旧币相当于 1 元人民币，以下均指旧币）公款，从香港买了 2 辆美国高级轿车。刘青山还吸毒，平时在吃、穿上也极其讲究。

与整日不去机关、对奢靡作风毫不遮掩的刘青山相比，貌似"勤勤恳恳"的张子善，挥霍铺张程度丝毫不亚于刘青山。张子善在审查中交代，他每个月光高档香烟就要吸八九条，衣着由粗布到细布再到皮毛，饮食先是非细粮不可，再到酒肉必备，行则非轿车不坐，2 年时间里竟然换了 5 辆小轿车……①

通过 1951 年 11 月 29 日华北局向中共中央和毛泽东呈送的《关于刘青山、张子善大贪污案调查处理情况的报告》（以下简称《报告》）可以看出，刘青山和张子善除了腐化堕落之外，还互相勾结，利用职权盗用公款，从事倒买倒卖的非法经营活动，盘剥民工，破坏国家政策，大肆贪污和挥霍国家资财。《报告》中说："最近，我们发现了河北省天津地委和专署有严重的贪污浪费和破坏国家政策法令的行为。据初步检查材料证实，现任地委书记兼专员张子善和前任地委书记刘青山，先后动用全专区地方粮折款二十五亿元，宝坻县救济粮四亿元，干部家属补助粮一亿四千万元；从修潮白河民工供应站中，苛剥获利二十二亿元；贪污修飞机场节余款和发给群众房地补价合计四十五亿元；冒充修

---

① 高委主编：《利剑高悬——建党以来十大腐败案件剖析》，中国方正出版社 2013 年版，第 55—62 页。

建名义，向银行骗取贷款四十亿元。总计贪污挪用公款约二百亿元左右投入地委机关生产，作投机倒把的违法活动。为贪图暴利，曾利用蜕化干部从东北盗运木材达四千立方米；勾结私商张文义等，以四十九亿巨款从汉口贩卖大批马口铁，私商从中贪污中饱，破坏国家政策。张子善、刘青山日常生活铺张浪费，任意挥霍，只有账可查者，二人私用达四、五亿元；并向上下级及其亲友送礼，有的达一、二千万元之巨，据有账可查者，达一亿三千万元。张子善为消灭证据，曾亲手焚毁约计一亿五千万元的单据和其它单据一百七十八张。由于我们最近派人到天津检查和逮捕了与张、刘等勾结、破坏政策的私商，张子善已十分惶恐不安。根据其所犯错误和罪状，经华北局讨论，总理批准，决定即将张子善逮捕法办（张现在保定参加河北省党代表会）；刘青山归国后亦予逮捕"[1]。

后经进一步查实，1950年到1951年短短1年时间里，刘青山和张子善利用职权，盗用、贪污的钱款总计达171.6272亿元。按当时的币制标准和市场物价指数，这些钱可买粮食近2000万斤，可买棉布800万尺，足够50多万人吃一个月并做一身衣服。如果购买黄金，当时可以购买将近一吨。[2] 再做个对比，171亿元可以买11架米格–15战斗机，而且还有剩余。

当时，新中国刚刚成立不久，还没有形成健全完善的法律体系，对刘青山和张子善所犯的罪行该如何判罚，既无明确的法律条文可以依据，又无现成的案例可以参照，而且二人是党的高级干部，有功于革命事业，因此中共中央华北局在向中共中央上报的处理意见中，原则上同意了河北省委"处以死刑"的意见，但是增加了一句"或缓期二年执行"。

---

① 《建国以来重要文献选编》第2册，中央文献出版社1992年版，第469—470页。

② 《新中国反腐第一大案：警醒共和国新政权》，《检察日报》2013年12月24日第6版。

在处理这一案件时，曾有人以二人都有贡献为由替其说情。毛泽东坚决地说："正因为他们两人的地位高，功劳大，影响大，所以才要下决心处决他们。只有处决他们，才可能挽救二十个，二百个，二千个，二万个犯有各种不同程度错误的干部。"① 最终，党中央批准了对刘青山、张子善判处死刑。1952 年 2 月 10 日，刘青山、张子善贪污案公审大会在河北保定市体育场举行。经过必要的庭审程序，下午 1 时 30 分，时任河北省人民法院院长宋志毅宣读审判书，刘青山、张子善被押赴刑场，执行枪决。刘青山、张子善被执行枪决 2 个月后，《中华人民共和国惩治贪污条例》出台，成为新中国第一部专门惩治贪污腐败的法律条例。

点评：

习近平总书记指出："腐败是危害党的生命力和战斗力的最大毒瘤，反腐败是最彻底的自我革命。只要存在腐败问题产生的土壤和条件，反腐败斗争就一刻不能停，必须永远吹冲锋号。"② 天下何以治？得民心而已！天下何以乱？失民心而已！正是中国共产党这种不徇私情、严惩腐败的决心和行动，赢得了老百姓的衷心拥戴和世人的无限钦佩，极大地提高了中国共产党的威望。

---

① 中共中央文献研究室编，逄先知、金冲及主编：《毛泽东传》第三册，中央文献出版社 2011 年版，第 1180 页。

② 习近平：《高举中国特色社会主义伟大旗帜 为全面建设社会主义现代化国家而团结奋斗——在中国共产党第二十次全国代表大会上的报告》，人民出版社 2022 年版，第 69 页。

48.拍脑袋决策造成重大损失

陈家东，曾任厦门市人大常委会党组书记、主任，漳州市委书记等职务，2022年2月被立案审查调查。同年8月，陈家东被开除党籍和公职。2023年9月5日，陈家东一审被判无期徒刑。

陈家东的突出问题之一，就是在担任漳州市委书记期间大搞形象工程政绩工程，不经调研论证，盲目决策，造成巨额损失。2013年8月，陈家东获任漳州市委书记，主政漳州3年多，为追求短时间内出"政绩"，陈家东启动了漳州歌剧院项目。因投资规模太大、不符合实际，最终沦为"半拉子工程"。据漳州市政府网站2016年的介绍，该歌剧院项目位于九龙江大桥以东、规划南江滨路以北，与漳州奥林匹克体育中心"隔路相望"，总建筑面积99510平方米。

其实，歌剧院项目一开始，当地不少干部群众就不赞同。漳州有深厚的地方戏曲文化传统，芗剧、潮剧、布袋木偶剧，都深受老百姓喜爱。市里原本规划要建一座戏院，但陈家东一到任，为了贪大求洋，好引人关注，未经深入调研，也未经可行性论证，就提出要改建成歌剧院。对此，陈家东说："当时本来我们是考虑做一个戏院，我说既然是规划要做，应该起点要高一点。这一块地将来有这么一个地标性建筑，是我当时手上做的，自己感觉有成就感。""立这个项目是不是正确的，也没有更多的深入调研，这个也是体现我作为一个市委书记作风不深入的表现。"

听说戏院要改歌剧院，不少当地老百姓觉得失望。一些干部也提出，歌剧院和本地群众文化需求脱节，而且歌剧院对设计施工都有很高的专业要求，耗资巨大，漳州作为一个三线城市财力有限，没有必要打造这样的地标。然而，当时的陈家东官僚主义作风严重，对这些意见置若罔闻。在陈家东一意孤行之下，歌剧院仅前期设计就耗资 2700 多万元，主体工程合同价格则达 2 亿多元，一旦建成后，还需要高昂的运营维护费用。最终，这个在办公室"拍脑袋"作决策定下的项目，难逃失败的结局。因不符合当地实际，加上投资规模太大，歌剧院项目在陈家东调离漳州后不久就陷入停滞，最终沦为"半拉子工程"，已经投入的费用有去无回，造成国有资金巨额损失。

除此之外，陈家东在任期间已经完工的一个项目，则造成了更大的经济损失。

2013 年下半年，陈家东任漳州市委书记后不久，就提出打造"闽南生态文化走廊"示范段，并提出按照一比一的比例复制漳州古厝，打造建设 6 个驿站，总花费达 2.11 亿元，每座规模都相当大，最大的一座占地达 6 万多平方米。

漳州市是国家历史文化名城，始建于 1300 多年前的古城街区，至今仍保留下了传统格局和大量历史建筑。在闽南方言里，古民居、老建筑被称为古厝。依托本地特点打造旅游项目本身不是问题，但问题在于，陈家东的出发点存在严重偏差，考虑的不是如何带来长远效益，而是如何炫耀自己的政绩。花卉博览会是漳州本地的一个影响较大的活动，建设这个项目能引起领导的关注。因此，陈家东要求在当年也就是 2014 年 11 月花卉博览会开幕前完成建设，好让上级领导看到自己的政绩。据陈家东所说："当然领导来，这个是某某人手上做的，领导有好印象，因为做了就是要能够吸引眼球嘛。"由于陈家东一心想的是求大求快，在这个项目上同样是不经调查研究，不顾实际情况，不经科学论证，仅凭自己的主观臆想就强行拍板推进。项目建成后不久，就处于荒废失管状态。

特别荒唐的是，这个项目未经深入的调研论证和可行性研究，但是他专门带了一个风水师，去选址看风水、调整方向，是典型的"不问苍生问鬼神"。驿站建成投入运营后，种种问题显现了出来。这些驿站都是原样复制当地著名古厝，旅游者到了漳州，自然选择去看古建筑本身，而不会来看复制品。从选址上，这6座驿站分散在25公里长的国道沿线，每个驿站在2公里到7公里左右的范围内，点与点之间的距离太长，导致无法形成整个服务半径，也就形成不了聚拢效应。外地游客吸引不来，而对当地市民来说，驿站距离主城区路程太远，老百姓平时也不愿意过来休闲。当地一家国企曾受政府委托管理，但没有人气，旅游搞不起来，好不容易招过来几个商户，很快也都退租了。大多数驿站长期荒废闲置，维护成本高昂。驿站的管理人员、安保人员及日常的绿化管理、维修维护、水电费等费用非常高，每年支出近300万元。对此，陈家东说："它成功率怎么样，效果怎么样，就没有全面地深入地去看。我如果说经常多到现场去看看，那可能也好一点吧。最后做成这个样子了，所以我要认这个错。"

审查调查发现，陈家东也存在违规收受礼品、接受吃请等"四风"问题，还存在利用职权巨额敛财的腐败问题。经法院公开审理，陈家东非法收受财物共计9415万余元；伙同他人共同侵吞国有财产人民币341万余元；造成国有财产损失1.9亿余元，涉嫌受贿罪、贪污罪、滥用职权罪。2023年9月，陈家东被判处无期徒刑，剥夺政治权利终身，并处没收个人全部财产。陈家东忏悔道："背弃了人民立场，把党和人民给我的权力当作自己谋私的工具，咎由自取，罪有应得。"

点评：

以中国式现代化全面推进强国建设、民族复兴伟业，是新时代新征程党和国家的中心任务，是新时代最大的政治。形式主义、官僚主义，是实现新时代新征程党的使命任务的大敌。党的二十大以来，以习近平同志为核心的党中央把纠治形式主义、官僚主义摆在更加突出位置，作为作风建设的重点任务，深挖根源、找准症结，动真碰硬、精准纠治。对随意决策、机械执行，层层加码、过度留痕等形式主义、官僚主义行为在新形势下的"变种"，必须通过进一步完善相关制度设计，下大力气予以整治，避免案例中的情况再出现。

*49.*一人得道，鸡犬升天？

2015 年 7 月，中央纪委监察部发布了一则消息，河北省委书记、河北省人大常委会主任周本顺涉嫌严重违纪违法，正接受组织调查。不久，周本顺被免职，受到"双开"处理，被判处有期徒刑 15 年，从而锒铛入狱。

周本顺调任河北省委书记后，按规定应该入住省委统一提供的周转房，但他对周转房的条件不满意，而是看中了河北省军区大院里的一座二层小楼，这座小楼上下共 16 个房间，面积 800 多平方米，原本是一个招待所。周本顺要求把它重新装修，供自己居住。

据中央纪委纪检监察室工作人员描述，周本顺不光是在住房面积上违规，而且里面好多生活上的细节也都令人难以想象。小楼里面住的除了他之外就是他的秘书、司机，然后还有两个保姆、两个厨师。一个保姆是专门负责给他养宠物的，两个厨师也都是从湖南选的，专门为了照顾他的口味特意安排的。这两年多以来这些保姆和厨师工资达到上百万元。中央那么大的决心反"四风"，抓中央八项规定精神的落实，作为一个省委书记，竟然还能在这个地方住得那么坦然，生活得那么舒适，确实令人匪夷所思。

对中央八项规定精神，周本顺在内心深处其实并不接受，以至于在公开场合多次表达不满。他甚至跟班子成员讲过，现在中央抓八项规定，抓得太细了太严了，没有必要。酒该喝还是要喝的，喝点酒有什么不好，喝点酒多有气氛。因为他是一个省委书记，是中央委员，所以他的责任就更大，如果他的方向偏了，上面偏出一尺，下面就会偏出一丈。

周本顺对子女更是肆意纵容、助纣为虐。在周本顺被查出的涉嫌经济犯罪的问题中，相当一部分和他儿子经营的生意有关。周本顺在跟私企老板交往过程中，看到身边社会上很多人的孩子生活过得很优越、很富裕，他就思考要让自己的孩子也能过上这样的生活。怎么办？他背地里默许、支持、纵容他的儿子去跟别人，去跟一些老板进行所谓的合作、投资，搞房地产开发。老板们之所以拉拢周本顺的儿子一起合作经商，显然看中的是周本顺手中的权力。和周本顺的儿子合作后，这些老板经常组织一些饭局，邀请周本顺以及和自己项目相关的政府官员参加。周本顺对这些饭局来者不拒，他其实也清楚对方的目的。周本顺说，他出个面帮他儿子站个台，一起吃饭，什么话也没有说，别人就知道他儿子上面有人，这个事都会办得通。用这种看似隐蔽的方法，周本顺多次为这些老板在土地规划、审批等方面牵线搭桥、提供帮助。周本顺还直接向一些老板以"借钱"的名义索要巨额资金，给他的儿子投到生意上。其中，他向湖南的一位老板一笔就"借"了1000多万元，这些钱当然都没有还。

令人感到讽刺的是，周本顺曾经在河北提出干部要"四清"：自己清、家属清、亲属清、身边清。然而，他提出的要求，自己却并没有做到。周本顺放松了对家属子女的要求，放松了对所谓的一些商人朋友的警惕。他所谓的修身也是对别人讲得多，对自己讲得少，最终一步步走向犯罪深渊。

点评：

　　党员、干部应该带头拒绝奢靡、崇尚节俭，率先坚守节约光荣、浪费可耻的思想观念，不与人比富贵、比阔气、比奢华，好事面前躲一躲、荣誉面前欠一点。党员、干部必须高度重视家庭、家教、家风建设，管好自己的配偶子女、管好自己的亲友圈，不谋私利。周本顺是中央纪委首位点名"家风败坏"的官员，纵容配偶子女聚敛财富、收受贿赂，这种贪婪和滥用职权的行为，不仅违反了党纪国法，也败坏了党风政风，破坏了政治生态，给党员、干部敲响了警钟。

50.锲而不舍落实中央八项规定精神

党的十八大以来，以习近平同志为核心的党中央，以中央八项规定徙木立信，助力拥有近亿名党员、执政近 80 年的大党解决了作风建设领域诸多原来想解决而没能解决的难题，让中国共产党变得更加廉洁、强大。这样具有穿透力、影响力的规定是在什么样的形势下出台的，又是怎样"十年磨一剑"坚持到现在的，未来这张"金色名片"怎样更好地发挥作用？

改革开放以来，党坚持党要管党、从严治党，持续努力加强和改善党的领导，推动党的建设新的伟大工程取得显著成效，为党和国家事业发展提供了根本政治保证，同时也积累了一些矛盾和问题。

由于一段时间内出现管党不力、治党不严问题，党内存在不少对坚持党的领导认识模糊、行动乏力问题，存在不少落实党的领导弱化、虚化、淡化、边缘化问题，特别是对党中央重大决策部署执行不力，有的搞上有政策、下有对策，甚至口是心非、擅自行事。同时，有些党员、干部政治信仰出现严重危机，一些地方和部门选人用人风气不正，形式主义、官僚主义、享乐主义和奢靡之风盛行，特权思想和特权现象普遍存在。特别是搞任人唯亲、排斥异己的有之，搞团团伙伙、拉帮结派的有之，搞匿名诬告、制造谣言的有之，搞收买人心、拉动选票的有之，搞封官许愿、弹冠相庆的有之，搞自行其是、阳奉阴违的有之，搞尾大不掉、妄议中央的也有之，政治问题和经济问题相互交织，贪腐程度触目惊心。这些问题严重影响党的形象和威信，严重损害党群干群关系，引起广大党员、干部、群众强烈不满和义愤。习近平总书记曾就此指出，党内和社会上不少人对党和国家前途忧心忡忡。

找准切入点，难题就会迎刃而解。面对上述影响党长期执政、国家长治久安、人民幸福安康的突出矛盾和问题，尤其是党的作风建设存在的诸多问题，以习近平同志为核心的党中央审时度势、果敢抉择，从党的作风建设切入，果断制定《十八届中央政治局关于改进工作作风、密切联系群众的八项规定》。自 2012 年 12 月 4 日开始实施的这一规定，从改进调查研究到精简会议活动、从精简文件简报到规范出访活动、从改进警卫工作到改进新闻报道、从严格文稿发表到厉行勤俭节约，总共八条，简明扼要，直击陈弊。这可是给中央领导立下的规矩啊！

"善禁者，先禁其身而后人"。习近平总书记鲜明指出："各级领导干部要以身作则、率先垂范，说到的就要做到，承诺的就要兑现，中央政治局同志从我本人做起。"[1] 以习近平同志为核心的党中央，坚持打铁必须自身硬，以制定和落实中央八项规定开局破题，找准了全面加强党的建设尤其是改进作风的切入口，体现了全面从严治党的强大决心和卓越智慧。

一分部署，九分落实。中央八项规定出台后，党中央率先执行。2012 年 12 月 7 日，广东深圳，通向前海深港合作区的道路畅通如常，一个由 8 辆车组成的车队融入车流，与公交、出租车、私家车并行，按照交通信号灯的指令行进。不腾道、不封路、不扰民，不铺红地毯、没有欢迎横幅，没有层层陪同。习近平总书记在党的十八大后首次出京考察的这一场景，至今仍令人印象深刻。针对有人担心中央八项规定执行起来会不会是一阵风，或者是流于形式，习近平总书记说，能不能打消

---

① 《习近平著作选读》第一卷，人民出版社 2023 年版，第 87 页。

干部群众的这个疑问，关键看我们怎么做。发布中央八项规定只是开端、只是破题，还需要下很大功夫。党的十八大后，习近平总书记以身作则、率先垂范，始终带头严格执行中央八项规定，给全党树立了典范，向全国人民持续传递信心和力量。2017 年召开的党的十九大，一方面在总结过去五年作风建设时予以肯定性评价，另一方面又作出新部署即"坚持以上率下，巩固拓展落实中央八项规定精神成果，继续整治'四风'问题，坚决反对特权思想和特权现象"①。会后，新一届党中央召开中央政治局会议，第一时间出台贯彻落实中央八项规定的实施细则。习近平总书记在 2018 年的中央政治局民主生活会上再次强调，"中央政治局的同志要带头严格执行中央八项规定精神，同时要从严抓好分管地方和部门贯彻执行中央八项规定精神的工作"。所谓"政者，正也。子帅以正，孰敢不正？"在中央率先示范下，各地各部门自觉对标对表，进一步推进了中央八项规定精神落地生根。

聚焦作风建设开展主题教育活动。为把中央八项规定精神落实落细，中央经过反复研究，决定把党的十八大后的教育实践活动的主要任务聚焦到作风建设上，集中解决形式主义、官僚主义、享乐主义和奢靡之风这"四风"问题。在形式主义方面，主要是知行不一、不求实效，文山会海、花拳绣腿，贪图虚名、弄虚作假；在官僚主义方面，主要是脱离实际、脱离群众，高高在上、漠视现实，唯我独尊、自我膨胀；在享乐主义方面，主要是精神懈怠、不思进取，追名逐利、贪图享受，讲究排场、玩风盛行；在奢靡之风方面，主要是铺张浪费、挥霍无度，大兴土木、节庆泛滥，生活奢华、骄奢淫逸，甚至以权谋私、腐化堕落。这些问题，违背党的性质宗旨，群众深恶痛绝、反映强烈，损害党群干

---

① 《习近平著作选读》第二卷，人民出版社 2023 年版，第 54 页。

群关系，像一堵无形的墙把党和人民疏远开来，如果任由这些问题蔓延，后果将不堪设想。为系统解决这些问题，我们开展了为期一年多的以为民务实清廉为主要内容的党的群众路线教育实践活动。这次活动以解决问题开局亮相、以正风肃纪先声夺人、以专项整治寻求突破，对"四风"问题进行了大排查、大检修、大扫除，刹住了"四风"蔓延势头，达到了预期目的，取得了重大成果。

注重抓常抓细抓长。为巩固发展作风建设已经取得的成效成果，党中央指出关键在于抓常抓细抓长，要经常抓、见常态，要深入抓、见实招，要持久抓、见长效。这些年来，从治理公款大吃大喝、旅游、送礼等奢靡之风入手，紧盯公款购买赠送月饼、贺卡、烟花爆竹等问题，一个节点一个节点抓，一年接着一年干，以一个个具体问题的突破，带动了作风向好转变；这些年来，从上到下、各个领域都压缩了会议、精简了文件，减少了评比达标、迎来送往活动，全面清理了超标超配公车、超标办公用房、多占住房，普遍压缩了"三公"经费、停建了楼堂馆所，坚决整治了"会所中的歪风""舌尖上的腐败"，坚决整治了"裸官""走读""吃空饷""收红包"及购物卡、参加天价培训、党政领导干部在企业兼职等问题，广泛查处了吃拿卡要、庸懒散拖问题，高高在上、挥霍浪费、脱离群众现象明显扭转，党风、政风和社会风气为之一新。为不断巩固作风建设成效，扎实落实中央八项规定精神，在全党开展党的群众路线教育实践活动后，接着开展"三严三实"专题教育、"两学一做"学习教育、"不忘初心、牢记使命"主题教育、党史学习教育、学习贯彻习近平新时代中国特色社会主义思想主题教育、党纪学习教育等。尤其紧盯形式主义、官僚主义不放，对其各种表现进行坚决斗争。新时代以来，落实中央八项规定精神切实做到了标准不降、要求不松、措施不减、氛围不淡。

加大曝光查处力度的同时加强制度建设构建长效机制。进入新时代，各级纪检监察部门运用新媒体新技术，设立曝光平台、手机随手拍和微信一键通，织密群众监督网。同时，通过明察暗访、专项检查，不仅善意提醒，还严查领导干部违反中央八项规定精神问题，不断健全每月公布查处结果、重要节点通报曝光制度。中央纪委国家监委连续130多个月公布查处违反中央八项规定精神问题数据。同时，党中央对党和国家领导人工作生活待遇、厉行节约反对浪费、国内公务接待标准等作出明确规范。把作风建设新要求融入新形势下党内政治生活若干准则、廉洁自律准则，写入党内监督条例、党纪处分条例、问责条例等党内法规，不断健全作风建设制度体系。党的十九大以来，结合新的形势任务，着力解决普遍存在、反复发生的问题，出台工作指导意见，推动地方和部门完善津贴补贴发放、开会发文、公务用车、公务接待、国企商务接待、制止餐饮浪费等制度规定。引导党员干部弘扬忠诚老实、公道正派、实事求是、清正廉洁等价值观，大力推进家风建设，着力消除"四风"问题的思想根源、土壤条件。同时，纪检监察机关加强对制度执行情况的监督检查，对打折扣搞变通、执行不力的严肃查处和问责。

2022年召开的党的二十大，一方面肯定了包括作风建设在内的党的建设卓有成效，另一方面也指出"一些党员、干部缺乏担当精神，斗争本领不强，实干精神不足，形式主义、官僚主义现象仍较突出"①，进而作出坚持以严的基调强化正风肃纪的部署，要求"锲而不舍落实中央八项规定精神，抓住'关键少数'以上率下，持续深化纠治'四风'，重点纠治形式主义、官僚主义，坚决破除特权思想和特权行为"②。

---

① 《习近平著作选读》第一卷，人民出版社2023年版，第12页。
② 《习近平著作选读》第一卷，人民出版社2023年版，第56页。

在二十届中央政治局第一次会议上，习近平总书记鲜明指出，中央政治局的同志要带头弘扬党的光荣传统和优良作风，严格执行中央八项规定，严于律己、严管所辖、严负其责，在守纪律讲规矩、履行管党治党政治责任等方面为全党同志立标杆、作表率。会议审议通过《中共中央政治局贯彻落实中央八项规定实施细则》，要求继续推动全党坚决落实中央八项规定精神，全面推进党的自我净化、自我完善、自我革新、自我提高，始终保持同人民群众的血肉联系，始终同人民同呼吸、共命运、心连心。

2025年3月12日，中央党的建设工作领导小组在北京召开会议时指出，"党中央决定，自2025年全国两会后至7月在全党开展深入贯彻中央八项规定精神学习教育"。这是党的二十大后，在全党范围开展的第三次教育活动，也是党的十八大后第一次以中央八项规定为主题的教育活动，表明党对作风建设长期性有清醒认识，也深刻把握了执政党何以长期执政的规律。党中央这一重大举动，不仅延续了带头示范强作风的一贯做法，也释放出驰而不息抓作风的强烈信号。

点评：

全面建设社会主义现代化国家、全面推进中华民族伟大复兴，关键在党。踏上全面建设社会主义现代化国家的新征程，我们必须时刻保持解决大党独有难题的清醒和坚定，始终把握党性党风党纪内在联系，把中央八项规定精神作为长期有效的铁规矩、硬杠杠，一年接着一年抓，以钉钉子精神纠"四风"树新风，坚定不移抓好党的作风建设，把党建设得更加坚强有力。

后　记

作风建设极端重要。中国共产党之所以一路走来并长期执政，很大程度上和其重视党的作风建设有关。本书主要从老一辈革命家和干部、工人、农民、军人、知识分子群体以及青年群体等角度选择典型案例加以介绍，同时选了几个负面案例，在倡导正能量的同时发出警示，合计50个故事。读者只要用心阅读，就一定有启发、受教育。

负责撰写案例的有王芳、李秀军、孙娟、吕红云、田莉、高艳阳、李阳、李雪、王娟、钟剑青、李龙鑫、丁小军、王万元、胡莹。贵州省委党校郑东升教授作了大量联系协调工作、统稿任务，还撰写了老一辈革命家群体的案例。曾任中共中央党校（国家行政学院）博士生导师的沈传亮教授作为学术顾问，对全书的框架设计、案例选择及其内容进行了审看把关。

感谢人民出版社领导和编辑的信任、厚爱。没有他们的鼎力支持，本书也不会问世。我们希望本书的出版，能为新时代新征程上党的作风建设贡献绵薄之力。

责任编辑：吴继平

封面设计：汪　莹

图书在版编目（CIP）数据

作风建设 50 例 / 本书编写组著 . -- 北京 ：人民出版社，
2025. 3（2025. 10 重印）. -- ISBN 978－7－01－027131－6

Ⅰ．D261.3

中国国家版本馆 CIP 数据核字第 2025D3E073 号

作风建设 50 例

ZUOFENG JIANSHE 50 LI

本书编写组

人 民 出 版 社 出版发行

（100706　北京市东城区隆福寺街 99 号）

中煤（北京）印务有限公司印刷　新华书店经销

2025 年 3 月第 1 版　2025 年 10 月北京第 3 次印刷

开本：710 毫米 ×1000 毫米 1/16　印张：13

字数：158 千字

ISBN 978－7－01－027131－6　定价：56.00 元

邮购地址 100706　北京市东城区隆福寺街 99 号

人民东方图书销售中心　电话（010）65250042　65289539